Katja Angenent

Von Geistern, Gespenstern und Gruselgestalten

agenda

Katja Angenent

Von Geistern, Gespenstern und Gruselgestalten

Düstere Sagen und Legenden aus dem Münsterland

a
agenda Verlag
Münster
2022

Bibliografische Information der Deutschen Nationalbibliothek
Die Deutsche Nationalbibliothek verzeichnet diese Publikation in der Deutschen Nationalbibliografie; detaillierte bibliografische Daten sind im Internet über http://dnb.dnb.de abrufbar.

Drubbel 4, D-48143 Münster
Tel. +49-(0)251-799610
info@agenda-verlag.de, www.agenda-verlag.de

Druck und Bindung: TOTEM, Inowroclaw, Polen

ISBN 978-3-89688-752-8

No seh I et doch,
Se bünt der noch!
Se sitt' in alle Höke!
Un usse moje Mönsterland,
sitt alltied noch vull Spöke!

Magda Keizers, Uhlenflucht

Inhalt

Vorwort

Was ist eigentlich eine Sagensammlung aus dem Münsterland?

Bevor wir uns auf einen Streifzug durch düstere Sagen des Münsterlandes begeben, möchte ich einige grundlegende Überlegungen anstellen, um den Rahmen dieses Buches abzustecken. Zuerst einmal geht es um den Schauplatz: Das Münsterland ist jene Region im Norden von Nordrhein-Westfalen, die zwischen dem Teutoburger Wald im Osten, dem Ruhrgebiet im Süden, den Niederlanden im Westen und Niedersachsen im Norden liegt. Heute umfasst das Münsterland, wenn man es sich verwaltungstechnisch anschaut, die vier Kreise Warendorf, Borken, Coesfeld und Steinfurt sowie die kreisfreie Stadt Münster.

Vor dem Siegeszug der intensivierten Landwirtschaft war das Münsterland eine reine Moor- und Heidelandschaft. Heute sind die Feuchtgebiete, die noch zur Zeit der berühmten Dichterin Anette von Droste-Hülshoff (1797-1848) die Gegend prägten, nur noch an wenigen Stellen in Form von Naturschutzgebieten zu finden. Auch die einst typischen Wallhecken sind nur noch vereinzelt zu sehen. Doch die alten dörflichen Strukturen, die traditionellen Bauerngüter, die Wasserschlösser und Burgen existieren noch immer – und mit ihnen die Geschichten, die man sich über Land und Leute erzählt. Im Münsterland gibt es einen besonders reichhaltigen Schatz an Sagen und Legenden. Vielfach existieren sogar mehrere Versionen von einer Begebenheit, die sich mal in diesem oder in jenem Dorf abgespielt haben soll. Vielleicht ist es ja tatsächlich so, wie Heinz Bügener schreibt: „Wohl keinem deutschen Volksstamm ist die Gabe, Ereignisse zu deuten oder künftige Geschehnisse vorauszuahnen, stärker eigen als den Westfalen. Und unter ihnen ist besonders der Münsterländer mit seinem rätselhaften Hang zum Grübeln über geheimnisvolle Vorgänge und Erscheinungen ausgestattet.“

Was wird erzählt?
Heute kennen wir viele Begriffe für überlieferte Texte: Geschichten, Märchen, Sagen oder Legenden. Wie diese Überlieferungen genau heißen, ist aber nicht immer klar zu definieren. Die Theorie indes ist nicht schwer: Märchen erzählen zumeist von einer Wandlung der Helden, Sagen hingegen berichten von einer seltsamen Begebenheit. Bei einer Sage geht man davon aus, dass sie einen wahren Kern hat und darum auch einem bestimmten Ort klar zugeordnet werden kann, während das Märchen nicht ortsgebunden ist und phantastische Elemente beinhaltet. Hermann Bausinger drückt es so poetisch aus: „Tatsächlich aber kann man geradezu sagen, daß die Sage in ihrer Vagheit den Halt einer festen Örtlichkeit braucht, damit sie nicht ganz zerfließt, während das in sich geschlossenere Märchen durch eine feste Bindung eher gestört oder zerstört wird: wie die durchsichtig-klare Seifenblase an jedem Ästchen zerbrechen kann, während sich der Nebel dicht am Gesträuch hängt."

Viele der hier gesammelten Geschichten verfügen jedoch über beides, einen festen Ort und phantastische Elemente. Und Legenden? Während sich die Sage, laut Legendenforscher Helmut Rosenfeld, hauptsächlich mit Ereignissen befasst, liegt der Schwerpunkt der Legende auf den Figuren.

Es versteht sich von selbst, dass sich nicht jede Erzählung erkennbar dem einen oder anderen zuordnen lässt. Da wundert es nicht, dass die verwendeten Quellen mal als Sagensammlung überschrieben werden, mal Legenden aufzählen und sich ein anderes Mal einfach „Märchen" nennen. Viele der erzählten Geschichten kommen in zahlreichen der Sammlungen vor – und werden je nach Kontext anders eingeordnet. Paul Bahlmann beginnt seinen „Westfälischen Sagenkranz" beispielsweise mit einem Kapitel, dass er „Märchen" überschreibt. So ganz unrecht hat der Autor damit nicht: Das Wort Märchen bedeutet ursprünglich einfach „kurze Erzählung“ und ist kein eigener Gattungsbegriff. Es ging den Menschen früher wohl eher darum, einfach Geschichten zu erzählen – ob das Sagen, Legenden oder Märchen waren, interessierte sie weniger. Heute jedoch merken wir schnell, dass eine Geschichte, die mit „Es war einmal“ beginnt, ein Märchen einleitet, während eine lokale Sage eher mit „Zu Ahaus lebte einst ein Schuhmacher“ einsetzt.

Warum wird erzählt?

Dass zwischen Märchen, Sagen und Legenden im Münsterland nicht immer klar zu unterscheiden ist, liegt auch an den Gemeinsamkeiten der Überlieferungen: Viele dieser Geschichten haben eine klar erkennbare Moral. Sie zeugen von Normen und Werten der Gesellschaft, in der sie entstanden sind. Ihnen liegt ein erkennbarer Verhaltenskodex zugrunde. Die Märchen und Sagen berichten davon, was den Menschen geschieht, die sich nicht an die Regeln halten: Wer sich mit dem Teufel einlässt, verwirkt sein Seelenheil; wer zu Lebzeiten frevelt, findet nach dem Tod keine Ruhe, und wer nicht auf Warnungen hört, hat am Ende den Schaden. Doch es gibt auch Erzählungen, die davon berichten, wie manche Menschen gegen diese Regeln verstoßen und dennoch mit dem Leben davonkommen. Das sind dann meist besonders schlaue, wissende und durchtriebene Individuen.

Von Glauben und Aberglauben

Viele der Sagen und Legenden berichten von dem, was wir landläufig unter „Aberglauben“ fassen können. Dieter Harmening definiert das Wort wie folgt: „Jener Glaube, der hinter und in den Dingen verborgene, rational nicht begründbare, anonyme oder personifizierte Kräfte vermutet.“

Wir Menschen des 21. Jahrhunderts sehen heute auch den Glauben an Gott als eine Art gesellschaftsfähigen Aberglauben an; noch bis in die 1980er Jahre hinein gab es jedoch einen großen Unterschied zwischen allem, was die (im Münsterland traditionell katholische) Kirche erlaubte, wie den Glauben an die Wundertätigkeit der Jungfrau Maria, und dem, was die Kirche sanktionierte, wie traditionelle Heil- und Segenssprüche. Gottfried Henßen erklärt den Unterschied so: „Recht gern erzählte man dagegen von Zauberern und Schwarzkünstlern, und zwar führte man ihre geheimnisvollen Kräfte auf die swatte oder die witte Simpatie zurück. Die sich der schwarzen bedienten, standen mit dem Teufel im Bunde; wer aber die weiße anwandte, handelte nicht gegen die Lehren der Kirche und brauchte nach seinem Tode deshalb keine Strafe zu fürchten."

Diese Unterteilung in gute und schlechte Magie ist bei vielen vormodernen Gesellschaften zu finden. Hexen wurden in der frühen Neuzeit nicht deshalb verbrannt, weil sie Magie wirkten, sondern weil ihr böser Zauber anderen schadete. So wie uns diese Unterscheidung heute merkwürdig vorkommt, so spiegeln viele der Sagen Werte, Normen und Rollenbilder, die wir heute natürlich ablehnen oder sogar unter Strafe stellen.

Auswahl und Vorgehensweise

Es geht mir mit der vorliegenden Auswahl darum, Geschichten zu erzählen, in denen etwas Schauerliches geschieht. Ich habe jedoch darauf verzichtet, klassische Märchen aufzunehmen. Denn auch wenn darin mitunter viel Schreckliches geschildert wird, so erscheint es doch in der Märchenwelt fast normal und sorgt darum nicht für den Schrecken, den übernatürliche Phänomene in der Alltagswelt hervorrufen.

Sagen und Legenden leben davon, dass man sie weitererzählt. Darum habe ich alle Geschichten neu geschrieben; mich zwar eng an den Kern der Aussage gehalten, Kleinigkeiten jedoch geändert und mir hier und da eine dichterische Freiheit genommen.

Ich habe mir erlaubt, die einzelnen Texte vor allem sprachlich zu modernisieren, aber manchmal habe ich eine Pointe zugespitzt oder einen Schrecken noch ein bisschen schlimmer wüten lassen, um den Kern der Geschichte für heutige Leserinnen und Leser leichter zugänglich zu machen.

Viele Orte, an denen sich einst angeblich Schauerliches zutrug, sind heute Plätze von Stadtführungen oder Ziel von Radtouren. Darum habe ich die heute noch bekannten Sagenorte hinten im Anhang mit Besuchsadressen aufgeführt. Außerdem habe ich kurz beschrieben, was sich dort findet, damit alle, die dieses Buch lesen, selbst entscheiden können, ob sich ein Besuch für sie lohnt. Am Ende des Buches habe ich außerdem Ausdrücke, die für Menschen ohne Vorwissen in dieser Thematik unverständlich sein könnten, kurz erläutert.

Die Grundlage dieser Sagensammlung bilden zumeist von Generation zu Generation mündlich überlieferte und dann im 19. und 20. Jahrhundert verschriftlichte Geschichten. Wer sich genauer für die ursprünglichen Quellen interessiert, findet in den Werken im Literaturverzeichnis weitere Hinweise.

Jetzt aber genug der Vorrede. Ich wünsche viel Spaß beim Lesen – und Gruseln! Immer daran denken: Die Sagen besitzen alle einen wahren Kern ...

Münster, im Sommer 2022
Katja Angenent

Der Schatz

Es war einmal ein kluger Handwerksbursche, der ging, wie es früher üblich war, auf Wanderschaft. Als er eines Tages bereits den ganzen Tag gelaufen und darum sehr müde war, kam er in der Nähe von Drensteinfurt an einen großen Bauernhof. Er klopfte an.

Ein untersetzter, vollbärtiger Mann mit vierschrötigem Gesicht und in Arbeitskleidung öffnete ihm die Tür.

„Guten Abend, seid Ihr der Bauer?“, fragte der Bursche höflich.

„Das will ich wohl meinen“, erwiderte der bärtige Mann und streckte ihm seinen dicken Bauch entgegen.

„Ich bin ein Handwerker auf Wanderschaft. Könnt Ihr mir vielleicht eine Übernachtungsgelegenheit bieten? Ich arbeite gerne dafür.“

Da lachte der Bauer. „Helfende Hände haben wir selbst genug! Ein hungriges Maul mehr, dass ich stopfen soll? Nein, da kann ich nicht weiterhelfen.“ Mit diesen Worten ließ der Bauer die Tür wieder zufallen.

Der Bursche wandte sich ab und trottete vom Hof. Er war mittlerweile so müde, dass er sich kaum noch auf den Beinen halten konnte und sich darum einfach auf den Heuboden des nächsten Stalles legte. „Hier störe ich schon niemanden“, sagte er sich und dann war er auch schon eingeschlafen.

Mitten in der Nacht wurde der Handwerksbursche von einem seltsamen Geräusch geweckt.

Was mochte das sein? Er blinzelte. Da war doch ein Licht unter ihm! Leise robbte er zu einem Spalt zwischen zwei Holzbohlen und sah hindurch. Da war ein Mann – den kannte er doch! Er blickte direkt auf den Bauern, der im Schein einer abgedunkelten Laterne den Stallboden aushob.

Schon bald hatte der Bauer ein Loch von mehreren Fuß Tiefe gegraben. Mittels zweier Seile senkte der Landwirt einen hölzernen Kasten in das Loch und sagte feierlich: „Nur wenn zwölf Söhne einer Mutter an diesem Ort versammelt sind, darf diese Kiste wieder herausgehoben werden."

Er rollte einen schweren Stein über das Loch. Danach verließ er den Stall, und der Handwerksbursche war wieder allein in der Dunkelheit.

Was mochte in der Kiste verborgen sein? Es juckte ihn in den Fingern, das auf der Stelle herauszufinden, doch er beherrschte sich. Denn der Bursche wusste, dass ein derart gehüteter Schatz in der Tat nur ausgehoben werden konnte, wenn die Bedingung erfüllt war. Aber wo sollte man zwölf Söhne herbekommen, und die dann auch noch hier versammeln?

Am nächsten Morgen stand der Bursche früh auf und setzte ungesehen seinen Weg fort. Doch die geheimnisvolle Kiste wollte ihm nicht mehr aus dem Kopf gehen. Es musste etwas Wertvolles darin sein, wenn der Bauer sie so heimlich versteckte!

Nach jahrelanger Wanderschaft und Diensten bei mehreren Herren führte den nun erwachsenen Handwerker sein Schicksal wieder in die Gegend bei Drensteinfurt. Er kam erneut an dem Bauernhaus vorbei. Als er es sah, fiel ihm die Geschichte mit der Kiste wieder ein. Da der Handwerker sicher sein konnte, dass ihn der Bauer nach so langer Zeit nicht wiedererkennen würde, klopfte er erneut an die Tür. Diesmal öffnete eine alte Frau.

„Ich bin ein Handwerker auf Wanderschaft. Könnt Ihr mir vielleicht eine Übernachtungsgelegenheit bieten? Ich will gerne dafür arbeiten", sagte er.

Die Frau nickte freundlich. „Wenn du auch mit einem einfachen Strohlager zufrieden bist, komm' doch herein."

Als er in das Haus trat, erwartete ihn eine ganze Schar ausgezehrter Gesichter. Beim Abendessen in der kahlen Stube gab es kaum genug für alle. Der Handwerker dachte an den dicken Bauch des Bauern von damals, und als sich die Gelegenheit ergab, fragte er nach dem Mann.

„Mein Mann, Gott hab' ihn selig, ist schon vor vielen Jahren gestorben", sagte die Frau.

„Aber dies ist doch ein großer Hof. Wirft er denn nicht genug für Euch ab?", fragte er.

Die alte Frau blickte ihn an. „Früher ging es uns gut, aber seit mein Mann gestorben ist, widerfährt uns nur noch Unglück."

„Wie meint Ihr das?"

„Unsere Tiere sind allesamt nach und nach von einer seltsamen Krankheit dahingerafft worden. Kein noch so teures Heilmittel konnte etwas ausrichten! Als Erstes traf es die Kühe im Stall. Wir haben neue Kühe angeschafft, aber auch die sind nach einiger Zeit einfach gestorben. So ging es auch mit den Ochsen und den Pferden ... Nach und nach haben wir so unser Erspartes aufgebraucht. Zuletzt mussten wir fast unser gesamtes Hab und Gut versetzen, um über den Winter zu kommen."

Der Handwerker nickte nachdenklich. Er konnte sich denken, was passiert war. Er hatte davon gehört, dass derjenige, der Geld vergrub, später als Poltergeist bei dem Geld spuken musste, bis der Schatz gehoben wurde. Der Geist des Bauern musste die Tiere so gequält und erschreckt haben, dass sie daran gestorben waren. Das hieß aber, dass es sich tatsächlich um einen Schatz handelte, den der Bauer damals vergraben und mit einem Fluch belegt hatte! Doch wie sollten die unwissenden Bauersleute an das Geld gelangen?

Als sein Blick auf eine Henne fiel, die in der Tenne scharrte, kam dem Handwerker plötzlich eine Idee. Er erzählte nichts von seiner Beobachtung vor vielen Jahren, sondern bat darum, einige

Wochen bleiben zu dürfen, um zu helfen. Die Familie gestattete das gern.

In der folgenden Zeit sorgte der Mann nicht nur dafür, dass alle Tiere aus dem verfluchten Stall geführt wurden, sondern auch dafür, dass die Henne fleißig Eier ausbrütete und jede Menge kleine Küken schlüpften. Die Henne bekam nur bestes Futter, und die Familie betrachtete die Futterverschwendung ihres Gastes bereits mit Sorge. Doch schließlich besaß das Huhn eine ansehnliche Kinderschar, aus der der Handwerker zwölf männliche Küken auswählte.

„Und jetzt werde ich euch reich machen!“, sagte er zu der Bauersfamilie. Doch die armen Leute lachten nur. Dennoch folgten sie ihm alle bereitwillig, als er sie nachts um zwölf bat, ihn zu begleiten. Er ging mit den Küken in einem großen Korb zu dem Stall, in dem der Schatz vergraben lag.

Hier setzte er die kleinen Tiere auf den Boden, und sie begannen sofort herumzupicken. Der Handwerker bat alle Familienmitglieder, bis an die Stallwände zurückzutreten. Er selbst ging ebenfalls weit von den Küken fort.

Da kam wie aus dem Nichts ein heftiger Wind auf, der die kleinen Tiere ängstlich piepsen und durcheinanderlaufen ließ. Der Wind wurde stärker, wurde zum Sturm, hob die Küken in die Höhe, verdrehte ihnen die Hälse, verrenkte ihre Glieder und brach ihnen das Genick. Blut spritzte und ihre kleinen, gelben Federn flogen wild in der Luft herum.

Die Menschen drängten sich erschrocken an die Wand. Die jüngeren Kinder schrien.

Doch dann war es vorüber. Der Sturm ließ so plötzlich nach, wie er gekommen war. In der unheimlichen Stille segelten die letzten Federn lautlos zu Boden. Alle zwölf Küken lagen tot auf dem Stallboden.

Auch in einem harmlos aussehenden Stall können sich unheimliche Szenen abspielen – zumindest bei wissenden Menschen im Münsterland ...

Die Bauersleute begannen leise zu murmeln. Sie konnten sich das nicht erklären. Was war geschehen?

Der Handwerker trat vor die Bauern: „Wie ich es mir gedacht habe. Nun können wir uns an die Arbeit machen! Ich brauche Eure Hilfe. Wir müssen den Stein dort im Boden wegheben!"

Zwei starke Knechte halfen ihm bei der Arbeit. Unter dem Stein kam eine staubige Holzkiste zum Vorschein.

„Die müssen wir herausheben!", erklärte der Handwerker. Mit einigen Seilen schafften sie die Kiste aus dem Loch. Doch noch war nichts gewonnen: Die Kiste war mit Eisenbeschlägen gesichert.

„Wir brauchen ein Brecheisen!", sagte der Handwerker. Schließlich gelang es mit vereinten Kräften, den Holzdeckel aufzustemmen.

Was waren alle erstaunt, als unter dem alten Holz ein Kessel mit blinkenden Goldmünzen zum Vorschein kam! Die Bauern bedrängten den Handwerker mit Fragen. Der erzählte ihnen nun von seiner Nacht in diesem Stall vor vielen Jahren. Er erklärte auch, dass der alte Bauer im Jenseits nun sicher wäre, denn der Teufel habe sich statt seiner an den Tieren vergriffen.

Es wurde eine fröhliche Nacht. Die Bauersleute tanzten und feierten bis in den Morgen hinein.

Mit dem Geld konnten sie in den folgenden Wochen den einstigen Reichtum ihres Hofes wiederherstellen und sogar noch vermehren. Der Handwerker bekam seinerseits einen beachtlichen Teil des Geldes und musste nie mehr arbeiten.

Polternde Geister

Geister und Gespenster, die unsichtbar eine Menge Schrecken verursachen, tauchen hierzulande ab dem ausgehenden Mittelalter unter der Bezeichnung Poltergeister auf. Das Phänomen ist auch in anderen Ländern bekannt. Im englischsprachigen Raum ist der deutsche Begriff im 19. Jahrhundert eins zu eins übernommen worden und heute dort bekannter als hierzulande.

Poltergeister machen sich meist akustisch bemerkbar, indem sie wiederholt Geräusche wie Poltern, Klopfen, Rumpeln oder Klatschen produzieren, die sich nicht erklären lassen. Besonders rabiate Vertreter lassen es jedoch nicht dabei bewenden. Sie stürzen Dinge aus Regalen zu Boden, lassen Gläser zerspringen, Bilder von den Wänden fliegen oder veranlassen Tische und Stühle dazu, sich zu bewegen. Poltergeisterphänomene sind dabei nur selten gefährlich. Diese verspielten Gesellen treiben eher koboldhaften Schabernack. Vereinzelt sind aber auch Verletzungen und Tode durch Poltergeist-Phänomene überliefert.

Dass der Teufel seine Finger im Spiel hat, ist hingegen nicht ungewöhnlich: In manchen Quellen heißt es, keine Schatzsuche wäre ohne seine Mitwirkung möglich.

Die Hochzeitsnacht

Vor langer Zeit stand in Ibbenbüren am Aasee die mächtige Burg eines Friesenkönigs. Einer der Nachkommen des Königs, ein Ritter namens Abbo, verliebte sich in eine Grafentochter aus dem Geschlecht der Tecklenburger. Die junge Frau war klug und schön, und so war Abbo nicht der einzige, der um ihre Hand anhielt. Vor allem ein anderer Ritter namens Kord stach aus der Menge der Bewunderer heraus. Kord besaß ein hübsches Gesicht und war der Erbe eines Vermögens. Obwohl Kord der Grafentochter durch Geschenke und Schmeicheleien zu gefallen versuchte, war der jungen Frau jedes Mal ein wenig unwohl, wenn er sich in ihrer Nähe aufhielt. Es war, als umgebe ihn etwas Düsteres. So entschied sie sich schließlich dazu, den fröhlichen und freundlichen Ritter Abbo zu heiraten.

Das war ein Fest! Gefeiert wurde bis spät in die Nacht auf der Burg am Aasee. Schließlich waren alle Gäste verabschiedet und die Frischvermählten stiegen müde und glücklich hinauf in ihr gemeinsames Schlafgemach im Turm der Burg.

Ritter Kord war nicht zur Hochzeit eingeladen, aber zu diesem Zeitpunkt befand er sich dennoch auf dem Gelände der Burg. Er hatte eine Wache bestochen, um Zugang zu erhalten. Nun schlich er, ungesehen von dem jungen Paar, hinter ihnen den Turm hinauf. Sein Gesicht war eine einzige wütende Fratze. „Wenn ich die Grafentochter nicht haben kann, dann soll sie auch niemand anderes haben!“, murmelte er vor der Tür der Frischvermählten. Leise und vorsichtig zog er sein Schwert aus der Scheide, dann stieß er mit einem Ruck die Holztür auf und rannte auf die beiden Menschen im Bett zu. Die waren von Alkohol, Tanz und Unterhaltung ganz benommen und wussten kaum, wie ihnen geschah. Sie waren nicht imstande, sich zu wehren, als Kord sich zunächst auf Abbo und dann auf seine Frau stürzte. Nacheinander schnitt er ihnen mit dem Schwert die Kehle durch.

Um die Spuren seiner Tat zu verdecken, legte er anschließend Feuer in dem Zimmer. Und weil alle Burgbewohner kräftig mitgefeiert hatten und dementsprechend tief schliefen, wurde der Brand erst entdeckt, als die gesamte Burg bereits in Flammen stand. Natürlich versuchten die Menschen zu retten, was zu retten war, aber ihre verzweifelten Bemühungen kamen zu spät: Die Burg brannte fast bis auf die Grundmauern nieder.

Der Plan Ritter Kords aber ging auf: Obwohl der Verdacht auf ihn fiel, konnte ihm die Tat nie nachgewiesen werden. Es heißt, der reumütige Wächter habe sich kurz nach dem Ereignis das Leben genommen. Kord jedoch, obwohl er danach ein unbescholtenes Leben führte, sei mit den Jahren immer seltsamer geworden und schließlich früh gestorben. Noch heute soll man ihn am Jahrestag der einstigen Hochzeitsnacht an der alten Turmruine sehen können, wo er seine Schuld bejammert.

Ein mysteriöses Baudenkmal
Um die kärglichen Überreste der Burg bei Ibbenbüren ranken sich verschiedene Mythen und Legenden. Tatsächlich ist über die einstigen Burgherren, die über die gesamte Gegend geherrscht haben müssen, so gut wie nichts bekannt. Der Turm wird auf das 12. Jahrhundert geschätzt und war offenbar Teil einer größeren Anlage, die manchmal als Burg, manchmal als Schloss bezeichnet wird. Ein Feuer, das das gesamte Adelsgeschlecht ausgelöscht hat, kann nicht ausgeschlossen werden. Heute befindet sich neben dem einzig noch erhaltenen Turmfragment, dem so genannten Heidenturm, eine Hinweistafel, die darauf aufmerksam macht, dass Archäologie und Geschichtsschreibung hier an ihre Grenzen stoßen. Der

Text schließt mit dem Satz: „Den Heidenturm umweht das Geheimnis des großen Unbekannten.“
Auch die Herkunft des Turmnamens liegt im Dunkeln: Manchmal wird er Heideturm genannt – denkbar, dass er früher in einer weiten Heidelandschaft lag. Manchmal ist auch vom Heidenturm die Rede. Das würde darauf hindeuten, dass das christliche Mittelalter diesen Bau den noch älteren, nichtchristlichen Germanen zuschrieb. Heide(n)türme gibt es übrigens nicht nur in Ibbenbüren. Die volkstümliche Bezeichnung ist im Westen von Deutschland mehrfach vorhanden.

Der so genannte Heideturm ist alles, was von der einst mächtigen Burg in Ibbenbüren heute noch übrig ist.

Mönche in der Heide

Einmal ging ein junger Mann aus Münster auf Wanderschaft Richtung Norden. Nach dem ersten Wandertag erreichte er Ibbenbüren. Doch noch immer war er nicht müde. Da es Sommer und lange hell war, sagte er sich: „Ich könnte mir zwar in Ibbenbüren ein Nachtlager suchen, aber ich will lieber noch weiterwandern und schauen, wie weit ich heute noch komme."

Also nahm er seinen Wanderstab und setzte sich wieder in Bewegung. Er war noch nicht weit aus Ibbenbüren hinausgegangen, da sah er am Horizont dunkle Wolken aufziehen. Er beschleunigte seine Schritte. Nach einer Weile hörte er es in der Ferne grummeln. Mittlerweile war er ein weites Stück gelaufen, und um ihn herum sah er nichts als die typische münsterländische Heidelandschaft. Es blieb ihm nichts anderes übrig, als weiterzugehen und zu hoffen, dass er bald auf einen Unterstand stoßen würde. Aber sein Wanderweg wurde immer schmaler und war schließlich kaum mehr als ein Trampelpfad. Da fielen schon die ersten dicken Tropfen auf die Erde, und bald regnete es in Strömen. Der Wandersmann setzte unverdrossen seinen Weg fort, auch dann noch, als die ersten Blitze über den Himmel zuckten.

Er war nass bis auf die Knochen, als der Pfad auf einen größeren Weg mündete – und am Ende des Weges nahm er durch den Regen ein großes, steinernes Gebäude wahr. Als er näherkam, merkte er, dass es sich um ein altes Kloster handelte. Er klingelte an der Pforte. Genau in dem Moment dröhnte ein gewaltiger Donner. Er zuckte zusammen.

„Ja bitte?" Ein schmales Gesicht mit Adlernase, von einer Kapuze fast gänzlich verdeckt, kam hinter einer Holzklappe in der Tür zum Vorschein.

„Ich bin ein Wanderer und suche Schutz vor dem Unwetter!" Einen Augenblick lang fühlte sich der Wanderer kritischen Blicken ausgesetzt. Er dachte schon, die Klappe würde einfach wieder zugeschlagen. Rasch sagte er: „Das christliche Gebot spricht doch von Gastfreundschaft für Menschen in Not, nicht wahr?“

Der Mönch schien zu überlegen. Dann öffnete er die Tür. Der Wanderer bekam eine kleine, aber für eine Klosterzelle ungewöhnlich behaglich eingerichtete Kammer zugewiesen. Dort wärmte er sich am Feuer und trocknete seine Kleidung. Aus der Ferne hörte er Gesang. Sicher feierten die Mönche die Abendmesse.

Er ging in die Richtung, aus dem der Gesang kam, um am Gottesdienst teilzunehmen.

Bald schon stand er im Kirchenschiff und sah sich um. Der Regen schlug mit unverminderter Heftigkeit gegen die bunten Glasfenster. Die Messe hatte bereits begonnen. Aber dieser Gottesdienst war so ganz anders als die Gottesdienste, die der Wanderer kannte. Die Texte der Lieder schienen ihm seltsam fremd. Während der Wandlung gab es nicht nur einen Schluck Messwein und eine Hostie, nein, es wurde ein richtiges Gelage abgehalten mit Wein, Schinken und Speck für alle. Und wo war nur das Kreuz über dem Altar hingekommen? Der Wanderer konnte es nirgendwo entdecken.

Die Mönche sangen etwas in lateinischer Sprache, da donnerte es lauter als zuvor. Einige der Mönche schraken zusammen, aber sie setzten ihre Messfeier fort.

Ein junges Mädchen wurde in den Altarraum geführt. Es war in einfaches braunes Leinen gekleidet, an den Händen gefesselt und mit einem Stück Seil geknebelt. Und nun legten die Mönche das Mädchen auf den Altar! Noch ein Schlag donnerte durch die Kirche. Das Unwetter sandte immer heftigere Trommelschläge gegen die Fenster.

„Was geht hier vor sich?“, dachte der Wanderer. „Was haben

die Mönche mit dem armen Mädchen vor?“ In dem Moment sah er, wie der Priester ein Messer aus seinem Gewand zog und sich vor den Altar stellte. Das Mädchen wand sich, aber die Mönche hielten es fest. „Sie wollen das Mädchen opfern!“, dachte der Wanderer entsetzt. „Ich muss etwas unternehmen!“

Er wollte nach vorne zum Altar stürzen, aber genau in dem Moment barst eines der Glasfenster und ein Schwall Regenwasser gelangte in das Kirchenschiff. Die Mönche hörten mit dem Gesang auf. Einige schrien. Der Regen schickte Schwall um Schwall durch das Fenster. Der Wanderer hörte gotteslästerliche Flüche. Noch ein Donnerschlag, der ihm in den Ohren dröhnte. Der Blitz musste ganz in der Nähe eingeschlagen haben!

„Feuer!“, rief einer der Mönche und deutete nach oben. „Der Dachstuhl brennt!“

Noch ein zweites Fenster barst.

Die Mönche begannen panisch herumzulaufen. Einige versuchten, wertvolle Wandbilder und silberne Kerzenleuchter von den Wänden zu reißen und auf ihrer Flucht mitzunehmen.

Der Wanderer bekam Angst um sein eigenes Leben. Er drehte sich um und rannte zur Tür. Und dort war der Gang, durch den er hineingelangt war – doch jetzt stand er völlig unter Wasser! Da sah er die Klosterpforte. Sie war mittlerweile geborsten, und es kostete ihn nicht allzu viel Mühe sich hindurchzuzwängen.

Er rannte so schnell er konnte durch den Regen davon, ohne noch einen einzigen Blick zurückzuwerfen. Nur fort von diesen gottlosen Mönchen und ihrem verfluchten Kloster!

Als er um die Ecke zurück auf den Trampelpfad bog, hörte der sintflutartige Regen mit einem Mal auf. Und auch der Donner war nur noch leise zu hören. Nun wagte der Wanderer einen Blick zurück und sah, dass das Unwetter über dem Kloster mit unverminderter Heftigkeit tobte, während er im Trockenen stand. Wie war das möglich? Durchgefroren und schockiert wie er war, machte er sich darüber keine weiteren Gedanken, sondern schritt rasch aus.

Irgendwann stieß er auf einen Bauernhof, wo er eine Bleibe für die Nacht fand.

Lange fand er keinen Schlaf. Ihm war, als würde das Gewitter wieder heftiger toben. Einige Male meinte er gar zu spüren, wie die Erde zitterte und etwas krachte.

Irgendwann musste er doch eingeschlafen sein, denn am nächsten Morgen wurde er von aufgeregten Rufen geweckt.

„Was ist denn los?“, fragte er die Bäuerin.

Die schien selbst ganz außer sich. „Habt Ihr es noch nicht gehört? Das Kloster – es ist fort!“

„Fort? Wie kann das sein?“

„Mein Mann und ich wollen es uns mit eigenen Augen ansehen. Kommt doch mit!“

Der Wanderer lief mit den Bauersleuten den kurzen Weg zum Kloster zurück. Bald schon erreichten sie die Stelle, an der er sich gestern noch einmal umgeblickt hatte. Doch was war das? Wo gestern noch das Kloster gestanden hatte, war nun nichts als Wasser zu sehen!

„Das gibt es doch nicht“, sagte er. Der Wandersbursche blickte auf einen großen, stillen See. Nichts erinnerte mehr an das Unwetter.

„Als hätte sich die Erde aufgetan und das Kloster verschluckt“, sagte der Bauer und schüttelte den Kopf.

„Das ist Gottes Strafe für das lästerliche Verhalten dieser gottlosen Mönche“, sagte die Bauersfrau und spuckte verächtlich ins Wasser. „Ich habe immer gesagt, der Herrgott wird sie bestrafen.“

Daraufhin drehten alle drei dem Wasser den Rücken zu und gingen ihrer Wege.

Im Laufe der Zeit wurde der See im Volksmund zum Heiligen

Meer. Wanderer und Einheimische sollen bisweilen große Holzbalken am Ufer gefunden haben, wie man sie für Kirchenbänke verwendete. Auch waren früher in jedem Frühjahr eine große Menge weißer Schwäne auf dem heiligen Meer zu sehen. Warum genau sie sich dort versammelten, ist nicht bekannt. Manche munkelten, das seien die Geister derjenigen, die einst im Kloster lebten. In jedem Frühjahr müssten sie an den Ort zurückkommen, an dem sie einst ihr Schicksal heimsuchte.

Erdrutsche im Münsterland

Durch die allmähliche Auswaschung von tiefen, salzhaltigen Gesteinsschichten entstanden in der Gegend rund um Ibbenbüren im Laufe der letzten Jahrmillionen Hohlräume unter der Erde. Immer wieder passierte es, dass diese schließlich unter dem Druck der darüberliegenden Schichten bis zu zehn Meter tief einbrachen. Die Senke füllte sich dann schnell mit Grundwasser. Heute gibt es in der Gegend gleich mehrere dieser Erdfallseen. Fachleute schätzen, dass das sogenannte Heilige Meer bei Ibbenbüren bereits vor über 1.200 Jahren entstanden ist. Die Bezeichnung „heilig“, die auf eine Stätte von Gottesfürchtigen hindeutet, lässt sich auch noch anders erklären: Im Niederdeutschen heißt „hillig“ so viel wie schlimm. Vielleicht kommt das Wort aber auch aus der Zeit, als die Sachsen in der Gegend siedelten: Das altsächsisische „hola“ kann mit „Loch“ oder „Tiefe“ übersetzt werden.

Um das Heilige Meer bei Hopsten ranken sich viele Sagen und Legenden. Einige erzählen von einem Kloster voller gottloser Mönche, das zur Strafe für lästerliches Verhalten bei einem Unwetter in der Erde versank.

Das eiserne Halsband

Im 16. Jahrhundert lebten bei Lüdinghausen zwei Edelmänner. Der eine hieß Lambert von Oer und war Herr von Burg Kakesbeck. Er hatte einst in Münster als Kommandant gedient. Der Name des anderen war Goddart von Harmen.

Der Beginn ihrer Fehde liegt im Dunkeln. Hatte der eine dem anderen im Suff etwas Falsches zugerufen? Oder der eine dem anderen die Frau ausgespannt? An mancher Stelle heißt es, es habe Streit um ein Stück Land gegeben. Warum auch immer, bald waren Schimpfworte und Beleidigungen an der Tagesordnung, wann immer die beiden Männer sich begegneten.

Schließlich endete der Streit vor Gericht. Lambert wurde Recht zugesprochen, aber Goddart war mit dem Urteil nicht einverstanden. Er sann auf Rache. Er versuchte, Lamberts Vieh zu stehlen und sogar, seine Burg in Brand zu setzen. Allerdings blieb es bei den Versuchen, da Lambert über eine große Schutztruppe verfügte. Beiden Männern war klar, dass Goddart nicht so leicht aufgeben würde. Er hatte sich mehr und mehr in die Sache hineingesteigert.

Eines Sonntags – manche Quellen berichten, es sei der 25. Juli 1520 gewesen – befand sich Lambert von Oer auf dem Wege zur Kirche in Lüdinghausen. Auf einer einsamen Landstraße sprang Goddart von Harmen mit einigen Männern aus einem Gebüsch. Es fiel ihnen leicht, den überraschten Lambert zu überwältigen. Lambert dachte, nun würde sein Widersacher ihn töten. Doch Goddart wollte niemanden ermorden; seine Pläne waren noch fürchterlicher.

Der Rachsüchtige zog ein eisernes Halsband hervor und legte es dem sich heftig wehrenden um. Es klickte einmal, als es sich um den Hals von Lambert schloss. Danach verschwand Goddart von Harmen genauso rasch wie er gekommen war.

Der verdutzte Lambert untersuchte das Band. Es heißt, es stamme von einem Meisterschmied aus Nürnberg. In jedem Fall war es so gemacht, dass kein Öffnungsmechanismus zu erkennen war, auf der Innenseite sich aber kleine, spitze Eisendornen befanden. Je mehr Lambert an dem eisernen Halsband zog und zerrte, umso mehr schmerzten ihn die Dornen. Sie ritzten die empfindliche Haut an seinem Hals auf. Nicht auszudenken, was geschehen würde, wenn die Dornen in die Halsschlagader getrieben würden!

Zu essen oder zu trinken wagte der Edelmann nicht mehr. An Schlaf war nicht zu denken. Sogar das Atemholen fiel ihm schwer.

Natürlich versuchte von Oer, das Band auf alle erdenklichen Arten loszuwerden. Er sprach mit Handwerkern, Priestern und Kaufleuten. Doch was immer er auch probierte, es gelang ihm nicht. Nur die Dornen bekam er ständig zu spüren. Angst und Schmerzen bestimmten von da an sein Dasein.

In seiner Verzweiflung wandte er sich schließlich an die Schmiede im damals weit entfernten Münster. Er fragte, ob nicht einer das eiserne Band von seinem Hals lösen könne. Doch auch hier schüttelten die Handwerker ihre Köpfe. Jedem war klar, dass beim gewaltsamen Entfernen der Tod von Oers einkalkuliert werden musste.

Schließlich sprach Lambert mit einem Schmiedemeister namens Thiel Schwoll. Der hatte ein Einsehen mit dem leidenden Mann und war ehrlich gewillt, ihm zu helfen. Aber als der Schmied sich das Halsband genauer ansah, verließ auch ihn der Mut. „Das ist so kunstfertig gearbeitet, hoher Herr“, sagte er, „dass ich keinen Ansatzpunkt für einen Hebel finde. Auch werde ich diesen Stahl mit meinen Feilen nicht durchtrennen können. Das einzige, was helfen könnte, wären einige gezielte Hammerschläge. Aber es ist wahrscheinlich, dass ich Euch damit einen Dorn in den Hals treibe.“

Doch Lambert, abgemagert, verängstigt und dem Tode nahe, drängte ihn, es dennoch zu versuchen. „Was ist das für ein Leben!“, sagte er zu dem Schmied. „Ich bin lieber tot als dieses Ding noch einen Tag länger zu tragen!“ Mutig legte der Verzweifelte seinen Hals auf den Amboss. Der Schmied nahm kurzentschlossen seinen schwersten Hammer und schlug auf das Halsband, einmal, zweimal, dreimal. Dabei rief er die Worte „Im Namen des Vaters, des Sohnes und des Heiligen Geistes!“

War es Gottes Hilfe oder die Kunstfertigkeit des Schmiedes? Mit dem letzten Schlag sprang das eiserne Halsband jedenfalls auf, und dabei hatte der Edelmann nicht einen Tropfen Blut vergossen. Lambert von Oer war gerettet! Er belohnte den Schmied reichlich für seine mutige Tat.

Man kann sich gut vorstellen, dass diese Episode nicht dazu führte, Frieden unter den Streithähnen zu schaffen. Lambert von Oer und Goddart von Harmen bekriegten sich noch viele weitere Jahre.

Die vielen Varianten des eisernen Halsbandes

Das eiserne Halsband existiert bis heute. Burg Vischering wirbt damit, das Original-Halsband zu besitzen. Das Burgmuseum widmet der historisch gut belegten Geschichte sogar einen eigenen Raum. In den Quellen ist jedoch davon die Rede, dass auch Burg Kakesbeck und sogar das Münsteraner Rathaus über eiserne Halsbänder verfügen sollen. Verschiedene Versionen existieren auch von der Sage an sich: Mal ist der Auslöser des Streits eine Frau, mal ein Stück Land. Mal heißen die Kontrahenten Gernhard und Lamprecht und mal sind die Zerstrittenen ein Graf und die Kinder eines Schulzen. Um die Verwirrung noch zu erhöhen, sei ein Blick Richtung Harz empfohlen: Von dort ist nämlich eine ganz ähnliche Sage überliefert ...

Burg Vischering in Lüdinghausen hütet bis heute ein altes Folterinstrument: Ein eisernes Halsband, das von innen mit Dornen gespickt ist. Der Sage nach musste es einst ein Lüdinghausener Ritter tragen.

Die kopflosen Kälber

Nachdem Goddart von Harmen damit gescheitert war, seinem Rivalen Lambert von Oer mit einem eisernen Halsband das Leben schwer zu machen, entsann er einen noch finstereren Plan. Doch nun galt sein Augenmerk nicht mehr Lambert selbst, denn Lambert hatte drei Kinder, junge, kräftige Söhne, während Goddart Zeit seines Lebens kinderlos geblieben war.

Einmal wollte es der Zufall, dass er die drei Jungen an einem herrlichen Sommertag auf einer einsamen Landstraße nahe der Burg Kakesbeck spielen sah.

„Lambert, jetzt habe ich dich“, murmelte Goddart und schritt auf die Jungen zu. Beim Näherkommen wichen die ängstlich zurück, denn sie wussten sehr wohl, wer Goddart war und was er ihrem Vater angetan hatte. Doch der grüßte die Jungen freundlich und blieb stehen. „Herrliches Wetter, nicht wahr?“, sagte er. „Ein toller Tag, um sich im Freien aufzuhalten.“

Zögernd erwiderte der älteste Junge seinen Gruß. „In der Tat, Herr von Harmen“, sagte er höflich.

„Und ein guter Tag, um sich aufzuführen wie die Rinder auf der Weide.“

„Bitte?“, erwiderte ein anderer Junge.

Goddarts Augen verengten sich zu schmalen Schlitzen. Mit einem Mal klang er gar nicht mehr freundlich. „Wie die Rinder sollt ihr sein, verfluchte Brut! Und dazu kopflos, und tot!“ Er stieß ein gehässiges Lachen aus.

Die Jungen liefen voller Angst davon. Goddart folgte ihnen nicht, und nach einer Weile atmeten sie auf. „Der wollte uns doch nur Angst machen“, sagte der Älteste zu seinen Geschwistern. Doch noch während sie auf dem Weg nach Hause waren, verdüsterte sich der heitere Himmel. Ganz plötzlich zog ein Gewitter auf, die Geschwister befanden sich mittendrin – und nirgendwo gab es einen schützenden Unterstand. Die Jungen rannten so schnell sie konnten durch Blitz, Donner und strömenden Regen. Da fuhr ein Blitz in die alte Eiche neben ihnen, der Baum krachte zur Seite und begrub die Jungen unter sich. Sie waren alle drei sofort tot.

Lambert von Oer war untröstlich. Tag und Nacht wanderte er durch Burg Kakesbeck und haderte mit dem Schicksal. Eines nachts schreckte ihn ein Geräusch aus seinen Grübeleien. Rasch sah er sich um, konnte aber niemanden entdecken.

Doch da war es wieder! Jetzt war Lambert sich ganz sicher. War es nicht aus dem Keller gekommen? Er schritt die Stufen zum Keller hinunter. Doch dort erwartete ihn nichts als Dunkelheit. Er wollte schon wieder umkehren, als er das Geräusch zum dritten Mal hörte. Diesmal war es von hinten gekommen, dort, wo sich der Aufgang aus dem Keller zum Burghof befand. Langsam drehte er sich um. Da standen, angestrahlt vom fahlen Mondlicht, drei durchscheinende Tierkörper. Lambert traute seinen Augen kaum. Es handelte sich um junge Kälber. Doch wo normalerweise der Kopf gesessen hätte, war nur eine klaffende Wunde zu sehen. Lambert erschreckte sich ganz fürchterlich, und ihm wurde schwarz vor Augen.

Als er aus seiner Ohnmacht erwachte, lag er auf dem Kellerboden. Die Geisterkälber waren verschwunden.

Lambert sprach mit niemandem über die Erscheinung, doch in den folgenden Nächten betrat er den Keller immer wieder, in der Hoffnung, die seltsamen Erscheinungen noch einmal zu sehen. Aber er hatte kein Glück.

Eines Tages traf er Goddart auf dem Weg in die Stadt.

„Ha, Lambert“, höhnte der, „hast du deine Jungen schon wieder gesehen?“

Burg Kakesbeck bei Lüdinghausen: Die weiträumige Anlage mit dem Wassergraben wirkt wildromantisch. Nichts deutet auf die Tragödie hin, die sich bis heute hinter ihren Mauern abspielen soll.

„Was meinst du?“, fragte Lambert zurück. Ihn beschlich ein mulmiges Gefühl.

„Ich hörte, die dummen Rindviecher hätten ihren Kopf verloren!“, rief Goddart und lachte.

Da wurde Lambert alles klar. „Du ... Du!“, rief er und wollte seinem Rivalen an den Kragen.

„Halt!“, rief der. „Du kannst deine Kinder von dem Fluch erlösen!“

Lambert trat einen Schritt zurück. „Wie soll das gehen?“

„Bring drei Jungfrauen dazu, gleichzeitig mit den Geistertieren die Kellertreppe hinunterzugehen“, sagte der andere und ging an ihm vorbei. „Dann ist der Fluch aufgehoben!“

Lambert blieb verdutzt stehen und ließ seinen Erzfeind ziehen. Wenn das stimmte, dann besaß er eine Möglichkeit, seine Söhne zu erlösen! In den folgenden Nächten legte er sich immer wieder im Keller auf die Lauer. So fand er schließlich heraus, dass die Geisterkälber nur bei Vollmond zu sehen waren.

Als nächstes musste er drei Mädchen finden, die bereit waren, nachts gemeinsam mit den Geistern die Treppe hinunterzugehen. Lambert versuchte, junge Frauen aus den umliegenden Bauernhäusern mit dem Versprechen auf Geld zu locken. Doch viele lachten ihn direkt aus, wenn er ihnen von dem Fluch erzählte. Sie seien nicht so dumm, ihm diese Geschichte zu glauben. Andere liefen vor Angst, selbst verflucht zu werden, davon; und die ganz jungen verkrochen sich hinter den Rücken ihrer Eltern. Schließlich aber fand Lambert eine Köhlerfamilie, die so arm war, dass die Eltern versprachen, ihre beiden jungen Töchter beim nächsten Vollmond zur Mitternachtsstunde vor die Burg zu schicken, wenn er ihnen zuvor eine Anzahlung gab. Der Burgherr fand noch eine Müllerstochter, die mutig und abenteuerlustig war. Auch sie versprach ihm ihre Hilfe.

Als Lambert beim nächsten Vollmond voller Hoffnung vor

die Burg trat, warteten die drei Jungfrauen bereits auf ihn. Es war eine kalte und nebelige Nacht im November. Er begrüßte sie herzlich, doch die Mädchen waren sichtlich nervös.

„Es wird uns doch nichts passieren?“, fragte die Müllerstochter.

„Nein“, versicherte Lambert, „die Geister tun euch nichts.“

Nur zögernd ließen sich die Mädchen von ihm zur Kellertreppe führen. Als es in der Burgkapelle Mitternacht schlug, tauchten wie aus dem Nichts die drei kopflosen Kälber auf. Wortlos schwebten sie auf die Kellertreppe zu. Eines der Mädchen begann zu schreien. Die jüngste weinte.

„Weg, nur weg von hier!“, rief die Müllerstochter panisch und rannte los. Die beiden anderen zögerten nicht lange und liefen hinter ihr her.

„Aber so wartet doch!“, rief Lambert. „Denkt doch an das Geld!“

Doch da hatte der Nebel die drei Jungfrauen längst verschluckt.

Die Legende berichtet davon, dass Lambert Zeit seines Lebens versucht haben soll, drei mutige Jungfrauen zu finden, doch es ist ihm nicht gelungen. Darum müssen die drei kopflosen Kälber bis heute in Vollmondnächten an der Burg spuken. Wer nachts an der Burg Kakesbeck entlanggeht, der sollte sich besser vorsehen: Zwar sind die Kälber harmlos, aber wohl ein wirklich schrecklicher Anblick ...

Nur nicht den Kopf verlieren

Der Kopf als Sitz nicht nur des Verstandes, sondern auch der Seele war seit jeher ein gutes Ziel für Verzauberungen und Flüche. Die Kopflosigkeit wird im Allgemeinen mit dem Verlust der Seele gleichgesetzt, das heißt, kopflose Geister können nicht ins Himmelreich einziehen und müssen so lange umgehen, bis sie erlöst werden. Im gesamten deutschen

Sprachgebiet und auch darüber hinaus sind Sagen von kopflosen Gespenstern, die in Menschen- und Tiergestalt auftreten, außerordentlich häufig. Kopflose Tiere sind laut dem Handwörterbuch des deutschen Aberglaubens am häufigsten das Pferd, der Hund und das Kalb. Mit Vorliebe gehen Kopflose in der Dunkelheit um, besonders um Mitternacht. Die Sage von den kopflosen Kälbern ist also gleich in mehrfacher Hinsicht typisch für diese Art von Spuk.

Der Teich im Wald

Die Stadt Lüdinghausen im südlichen Münsterland ist auch heute noch von Wald umgeben. In einem dieser Wälder soll vor vielen Jahren abseits der Wege eine kleine Kapelle gestanden haben. Ein alter Mann kümmerte sich jahraus, jahrein um ihren Altar. „Das ist ein Heiliger", sagten die Bauern, wenn sie unter sich waren. Mit der Zeit wurde das Haar des Alten immer grauer und das Gehen fiel ihm schwerer, doch seinen Dienst gab er nicht auf. Der Mann gelangte darum zu einer Art Berühmtheit, und Pilger aus der Gegend machten sich auf den Weg zu dem Eigenbrötler nach Lüdinghausen, um bei ihm in der kleinen Kapelle zu beten.

So auch eines Sonntagmorgens, als ein Bauer und seine Frau aus Lüdinghausen den Alten besuchen wollten. Doch sosehr sie auch suchten, sie fanden die Kapelle nicht mehr! Stattdessen sahen sie einen Teich, den sie vorher noch nie bemerkt hatten. Er war voll mit klarem Wasser – merkwürdig für einen Tümpel im Wald, sind sie doch sonst eher brackig und versumpft. Das Ehepaar ging zurück in die Stadt und erzählte allen von dem neuen Teich und der verschwundenen Kapelle. Als sich die Menschen nach und nach selbst davon überzeugten, dass mitten im Wald ein Teich aufgetaucht war, stellten sie fest, dass seine spiegelglatte Oberfläche weder bei Sturm noch bei Regen aufgewühlt war. Es schien, als würden ihm die Elemente nichts anhaben können. Wenn jedoch in Lüdinghausen die Glocken läuteten, dann sah es so aus, als kräusele sich das Wasser des Sees in kleinen Wellen, und von irgendwoher schien es wie aus großer Tiefe zu klingen. Die Einheimischen sagten, es sei das versunkene Kapellenglöckchen, das sich seiner einstigen Bestimmung erinnere. Angeblich existiert dieser Teich bis heute. Da er aber abseits aller Wege liegt, ist er nach wie vor nicht leicht zu finden ...

Kling, Glöckchen! Phantomglocken

Ob es sich bei dem Teich auch, wie in der Klostersage, um einen sogenannten Erdfallsee handelt? Die darin beschriebenen Phantomglocken unterscheiden diese Sage jedenfalls von der anderen. Als eine Unterkategorie der Phantombilder läuten Phantomglocken, obwohl sie gar nicht da sind. Das tun sie besonders gerne um Mitternacht oder um ein nahendes Unglück wie einen Sturm, ein Feuer oder einen Todesfall anzukündigen. Im Münsterland gibt es mehrere Sagen, in denen Phantomglocken eine Rolle spielen, aber das Phänomen ist europaweit bekannt.

Im dichten Wald kann vieles versteckt sein. Irgendwo bei Lüdinghausen soll es einen kleinen Teich geben, der ein Geheimnis birgt ...

Das Schicksal des schuldigen Rentmeisters

Vor etlichen Jahren lebte auf dem Schloss in Nordkirchen ein Rentmeister namens Schenkewald, der alles andere als gut zu seinen Untergebenen war. Er trieb die Renten unbarmherzig ein. Wer nicht zahlen konnte, selbst wenn er unverschuldet in Not geraten war, der bekam nicht nur harte Worte, sondern auch Verachtung und sogar Schläge zu spüren. Seine geringe Nachsicht ließ er sich dann noch zusätzlich in Naturalien bezahlen und brachte so die Schuldner in noch größere Not. Wer trotz allem letztlich nicht zahlte, den ließ Schenkewald von Haus und Hof vertreiben oder per Gerichtsbeschluss pfänden. Viele der ohnehin schon darbenden Bauern, denen ja regelmäßig Missernten drohten, wurden durch seine Habgier und Unbarmherzigkeit bettelarm.

Als der Rentmeister starb, atmeten die Bauern um das Schloss herum auf. Nur edle Herren und Damen kamen zu seiner Beerdigung.

Kurz danach aber begann es im Schloss Nordkirchen zu spuken. Nachts hörten die Bediensteten Schritte auf den Treppen und gleichzeitig erklang ein entsetzliches Heulen. Einige sahen den Rentmeister wie früher an einem der Tische sitzen und Geld zählen. Traten sie näher, verschwand er. Bewohner und Bedienstete des Schlosses bekamen große Angst. Die Schlossbesitzer ließen mehrere Messen lesen und baten Gott, den Geist des Rentmeisters endgültig aus dem Schloss zu verbannen. Doch das schien nicht zu helfen, die Geistererscheinungen nahmen sogar noch zu.

In einer stürmischen Nacht ging Schenkewalds Geist heftiger als je zuvor die mächtigen Freitreppen hinauf und hinunter. Die Bediensteten, die vom Lärm geweckt worden waren, schauten durch ihre Schlüssellöcher auf die Treppe. Sie flüsterten ängstlich zueinander: „Was sollen wir denn jetzt noch machen? Wir haben doch alles versucht!“ und „Werden wir den Kerl denn niemals los?“

Plötzlich erklang die Klingel am Tor. Die Bediensteten liefen zu den Fenstern und sahen hinaus. Vor der Tür stand eine große, prächtige Kutsche mit vier schwarzen Pferden. Aus ihr stiegen zwei Kapuzinermönche, die mit ruhigen Schritten das Schloss betraten. Alsbald kamen sie mit dem Rentmeister in ihrer Mitte wieder hinaus. Dann fuhr die Kutsche in Richtung Davert davon.

Seither ist Stille eingekehrt auf Schloss Nordkirchen.

Aber in der Davert, so heißt es, konnte man früher bei Nacht die Kutsche mit den vier schwarzen Pferden, dem Rentmeister und den beiden Kapuzinern im Kreis umherfahren sehen. Mutige, die sich der Kutsche nähern wollten, erlebten, wie sich das Gefährt rasch hoch in die Lüfte erhob und davonflog.

Gespenster, Gespenster

Gespenster wie Rentmeister Schenkewald bilden in der Mythenforschung eine Unterkategorie der Geistererscheinungen. Bei Gespenstern handelt es sich ausnahmslos um Tote, die im Grab keine Ruhe finden und darum umhergehen müssen. Ihre äußere Form kann die der weißen Dame sein, die des kettenrasselnden Skeletts oder eine, die der lebenden Person ähnelt. Was Gespenster aus ihren Gräbern zieht, ist oft eine ungestrafte Schuld oder ein Unrecht – entweder eines, das von ihnen verursacht wurde oder eines, unter dem sie zu Lebzeiten litten. Gespenster verhalten sich für lebende Menschen nicht immer nachvollziehbar. Sie scheinen mitunter die Gesetze dieser Welt vergessen zu haben. Manchmal leiden sie unter dem Zwang, bestimmte Verhaltensweisen, die sie zu Lebzeiten gepflegt haben, wieder und wieder ausführen zu müssen und erschrecken damit eventuelle Beobachter. Dabei scheinen sie an sich harmlos zu sein: Bis auf den unheimlichen Anblick und die Geräusche, die mit ihrem Auftauchen verbunden sind, erzählen die Sagen von keinen gefährlichen oder tödlichen Ereignissen, solange man die Gespenster nicht berührt oder erschreckt. Dann droht Wahnsinn, Krankheit und Tod.

Tagsüber ist Schloss Nordkirchen ein beliebtes Ausflugsziel. Doch nachts liegt das Schloss einsam und verlassen da - und wer weiß schon, wer oder was in den weiten Hallen dann umhergeht?

Schüsse im Wald

Vor langer Zeit, als es um Münster herum nicht nur Felder, sondern auch noch große Wälder gab, gehörte einem Edelmann dort ein besonders großes Waldgut. Eines Tages wurde sein Förster tot darin aufgefunden. Eine Gewehrkugel hatte ihn mitten in die Stirn getroffen.

Tagelang suchte der Edelmann mit seinen Männern nach dem Schützen. Obwohl er den gesamten Wald und die angrenzenden Gebiete mehrfach durchstreifte, fand er nicht die geringste Spur des Mörders.

Schließlich stellte der Waldbesitzer einen neuen Förster ein. Nachdem der einige Tage seiner Tätigkeit nachgegangen war, wurde der ebenfalls mit einer Kugel in der Stirn aufgefunden. Der Edelmann ließ noch einen Förster einstellen, und auch der wurde nach seinem Dienstantritt erschossen. Zeugen gaben an, dass man es kurz vor der jeweiligen Tat irgendwo in der Ferne laut knallen hören könne, doch den Schützen bekam nie jemand zu Gesicht. Die Schüsse trafen auch immer nur die Förster, niemals Nebenstehende. Scheinbar aus dem Nichts kam eine Kugel und traf den Förster mitten in die Stirn. Der fiel um und war sofort tot.

Doch wie war das möglich? Niemand konnte so gut zielen, dass er immer beim ersten Schuss traf – und das auf eine Entfernung, die keinen Sichtkontakt erlaubte! Dennoch zeugten die toten Förster von der Treffsicherheit dieses geheimnisvollen Schützen.

Es verwundert nicht, dass diese geheimnisvolle Gegebenheit schon bald im ganzen Gebiet die Runde machte. Niemand wollte mehr Förster in diesem Wald sein. Die Position blieb lange unbesetzt.

Auch wenn die Bäume in den Wäldchen rund um Münster heute jung sind und man weit hineinsehen kann: Wer würde ein Ziel dort unfehlbar treffen? Da wäre eine Freikugel bestimmt hilfreich ...

Schließlich bewarb sich ein Fremder um den vakanten Posten des Försters. Es handelte sich um einen Mann mit breiten Schultern und kantigem Gesicht, der einen mutigen und starken Eindruck machte. Der Edelmann warnte ihn: „Ich will Euch die Stelle gerne geben“, sagte er, „aber wisst, dass seit vielen Jahren kein Förster sie lange innehatte. Immer traf ihn eine Kugel in die Stirn.“
Der Fremde erwiderte: „Vertraut mir! Ich weiß schon, wie ich mit diesem feigen Schützen fertig werden kann.“
Daraufhin zuckte der Edelmann mit den Achseln und sagte: „Gut! Ihr habt die Stelle – wenn Ihr es wirklich wagen wollt.“ Er gab dem neuen Förster zur Sicherheit einige Jagdgesellen mit, die ihn beim ersten Gang durch sein Revier begleiten sollten.
Als die Gruppe am nächsten Tag den Wald betrat, hörte sie in der Ferne einen Schuss knallen. Sofort warf der Förster seinen Hut weit in die Höhe. Als der Hut zu Boden fiel, konnten alle deutlich

das Loch darin sehen. Es befand sich genau in der Mitte, dort, wo er auf der Stirn des Försters gesessen hatte.
„Ha!“, rief der Förster und spannte sein Gewehr. „Nun diesem freundlichen Gruß - ein Gegengruß!“ Und er feuerte.
Die Jagdgesellen schauten sich verwundert an. Niemand hatte den Förster in eine bestimmte Richtung zielen sehen. Doch der führte sie nach dem Schuss wie selbstverständlich zu einem Mühlhaus an einem kleinen Bach. Schon von Weitem hörten sie daraus das hohe Klagegeschrei einer Frau.
Als die Jagdgesellschaft eintrat, sahen sie eine dicke Müllerin, die weinend neben ihrem ebenso fülligen toten Mann kniete. Eine Gewehrkugel hatte ihn mitten in die Stirn getroffen.
Es war also der Müller gewesen, der mit magischer Hilfe die Förster getötet hatte!
Die Männer beruhigten die Frau, und nach einer Weile begann sie schluchzend zu erzählen. „All das herrliche Wild! Mein Mann hat es heimlich geschossen. Natürlich durfte er das eigentlich nicht, aber es war ja kein Förster im Wald, der das Vergehen hätte ahnden können ...“
Der neue Förster fragte: „Und du hast von den Zauberkugeln im Gewehr deines Mannes nichts gewusst?“
„Zauberkugeln? Gewehr?“, fragte die Frau und brach erneut zusammen. Erst nach und nach wurde ihr klar, dass es ihr Mann war, der aus reiner Habgier all die Menschen getötet hatte.
Als der Edelmann vom Ende des Mörders hörte, war er zunächst erleichtert. Doch dann dämmerte ihm, dass auch der neue Förster zauberkundig sein musste, denn wie sonst hätte seine Kugel den Müller treffen können? Tatsächlich erzählte man sich schon bald, dass dieser Förster nicht nur ein hervorragender Schütze sei, sondern dass Rebhühner von ganz allein in seine Taschen fliegen würden, wenn er sie darum bäte. Außerdem besaß der neue Förster angeblich die Gabe, das Wild mit der Kraft seiner

Gedanken an Ort und Stelle festzuhalten, so dass er es leicht erschießen konnte. Das war dem Edelmann nun auch nicht geheuer. Als sich die Gelegenheit ergab, entließ er den Förster unter einem Vorwand.

Von da an war der Wald des Edelmannes wieder nur ein ganz gewöhnlicher Wald. Nichts Übernatürliches ereignete sich jemals mehr darin.

Des Jägers fauler Zauber

Nicht nur in der Oper „Der Freischütz" wird von ihnen erzählt: Freikugeln gehören genauso in die Jagdmythologie wie zum deutschen Sagengut. Freikugeln sind Gewehrkugeln, die während des Gießens – oft mit Hilfe dunkler Mächte – verzaubert worden sind. Im „Freischütz" treffen sechs von sieben Kugeln unfehlbar das Ziel. Die siebte Kugel jedoch gehört dem Teufel, der sie lenken kann, wohin er will. Jemand, der Freikugeln benutzt, wird Freischütz genannt.

An welche Kate die Blumensammlerin klopfte, ist nicht überliefert. Vielleicht war es diese hier, die heute noch versteckt im Wald unweit von Münster liegt.

Die Blumensammlerin

Eines Tages klopfte eine Pflanzensammlerin an die Tür einer kleinen Kate bei Münster. Es war eigentlich ein schöner Sommertag, doch gerade war ein kurzes, aber heftiges Gewitter vorübergezogen. Es hatte von einem Moment auf den anderen heftig geregnet, gestürmt, geblitzt und gedonnert. Obwohl die Frau noch versucht hatte, unter einen Unterstand zu flüchten, war sie nass bis auf die Knochen. Weil es immer noch windig war und sie sich nicht erkälten wollte, fragte sie die Köttersfrau, ob sie sich bei ihr vor dem Feuer ein wenig trocknen könne. Die bat die Besucherin freundlich herein und führte sie in die gute Stube. Doch da schrie die Fremde plötzlich erschrocken auf. „Mein Gott, da liegt ja ein toter Mann!“, rief sie, „und hier brennen ja überall Totenkerzen!“ Die Hausfrau blickte zuerst im leeren Raum umher und dann wieder zu ihrem Gast.

„Aber hier liegt doch niemand“, sagte sie, „bestimmt haben Sie nur geträumt!“ Und sie fragte sich, ob sie nicht vielleicht einen Fehler gemacht hatte, als sie die Fremde ins Haus ließ. Vielleicht war die nicht mehr ganz richtig im Kopf?

In diesem Moment klopfte es erneut an die Tür, und die Köttersfrau ging um zu öffnen. Da trugen weinende Nachbarn ihren Mann über die Schwelle. Während des Gewitters hatte er noch draußen gearbeitet und war vom Blitz getroffen worden. Ehe die Frau sich vom ersten Schock erholen konnte, hatten Nachbarn auch schon Kerzen aufgestellt und den Mann niedergelegt – genau dort, wo die Fremde hingezeigt hatte!

Die Blumensammlerin war indes verschwunden und wurde nie wieder gesehen.

Unheimlich, unheimlich! Spökenkieker

Der Glaube an die Gabe des Zweiten Gesichts ist vor allem in den Ländern rund um die Nordsee zu finden – und in Westfalen. Den Begriff „Spökenkieker“ für Menschen mit hellseherischen Fähigkeiten gibt es nur im Münsterland. Diese Geisterseher werden Opfer von optischen Halluzinationen, die einige Zeit später tatsächlich in Erfüllung gehen. Sie berichten von einem starken Drang, der sie zur Stelle der Halluzination treibt. Der Legende nach werden diese Menschen alle an einem Sonntag zur Zeit des Kirchgangs geboren. Bei Spökenkiekern muss es sich übrigens nicht nur um Menschen handeln, auch Tiere können die Gabe besitzen.

Es heißt, dass jene, die dem Drang nachgeben, ihn immer stärker spüren; wohingegen alle, die sich vehement dagegen wehren, ihn schließlich bekämpfen können. Das würde erklären, warum heutzutage keine Spökenkieker mehr bekannt sind – wer würde heute schon einem unheimlichen Gefühl nachgeben?

Doch muss der Eindruck, den diese Menschen hinterlassen haben, groß gewesen sein: In verschiedenen Orten im Münsterland stehen Denkmäler für jene Spökenkieker, die es zu besonderer Bekanntheit gebracht haben.

Die Landmesser

Ganz in der Nähe des neuen Bahnhaltepunktes Münster-Mecklenbeck gibt es einen kleinen Bach, den Galgenbach. Er fließt durch ein Grünstück, das noch heute „Galgenheide" genannt wird, genau wie der Weg zwischen den Schienen und dem Grün. Vor allem bei Sonnenschein wirkt dieser Landstrich wie ein friedlicher Ort.
Doch der Schein trügt.

In früheren Zeiten, als man Menschen für ihre Vergehen noch mit dem Tod bestrafte, wurden auf diesem Feld tatsächlich Menschen erhängt. Die Leute mieden den Flecken aber nicht nur aus Furcht vor den unbestatteten Leichen. Vor allem nachts, so sagten sie, sei es dort nicht geheuer. Einige Menschen wollten an der Galgenheide unheimliche Erscheinungen gesehen haben, feurige Streifen, die wie aus dem Nichts erschienen und verbrannte Erde zurückließen. Andere meinten, ein seltsames, schleifendes Geräusch gehört zu haben. Manche sagten, sie hätten einen Schrei vernommen, waren sich aber nicht sicher, ob der von einem Menschen oder von einem Tier stammte. Nur die Sage weiß, was es mit diesen Gerüchten auf sich hat ...

Schon immer war das Gebiet um die Galgenheide, wie das gesamte Umland der Stadt Münster, von Bauern besiedelt. Zwei von ihnen, so heißt es, gerieten eines Tages in Streit über die Grenze zwischen ihren Grundstücken, die an der Galgenheide endeten. Und weil sich die Bauern nicht einigen konnten, wurden schließlich zwei offizielle Landmesser bestellt. Sie sollten auf der Grundlage von alten Urkunden das Land neu vermessen und die offiziellen Grenzen festlegen.

Doch einer der beiden Bauern hielt sich für einen besonders schlauen Kerl. Als er die Landmesser kommen sah, lud er sie in seine gute Stube ein. Er bot ihnen reichlich Alkohol an. Die Landmesser griffen gerne zu, und schon bald hatte der Bauer ihr Vertrauen gewonnen. Er bot den beiden an, sie gut zu bezahlen, wenn sie die Grundstücksgrenze einige Meter auf das Grundstück des Nachbarn verschoben.

Die Galgenheide bei Münster-Mecklenbeck. In nebeligen Nächten sollen hier schauderhafte Geräusche zu hören sein ...

Nun sollten Landmesser eigentlich unbestechlich sein, schließlich sind sie in offiziellem Auftrag unterwegs. Doch die beiden waren schon sehr betrunken ... Kurz: Der Plan des Bauern ging auf, und die beiden Landmesser trugen die Grundstücksgrenze weit in das Gebiet des Nachbarn hinein. Der Nachbar protestierte natürlich und sagte, das könne nicht sein. Doch es half nichts – schließlich hatten die offiziell bestellten Landmesser die Grenze nun für alle Zeiten so festgelegt.

Wie abgemacht erhielten die beiden Landmesser ihren Verräterlohn. Jedoch konnten sie ihren Reichtum nicht lange genießen. Schon als sie das nächste Mal an der Galgenheide vorbeikamen, ereignete sich ein seltsamer Unfall. Beide Landmesser starben just an der Stelle, an der sie die Grundstücksgrenze falsch vermessen hatten.

Ihre Geister kommen der Überlieferung nach nicht zur Ruhe. Angeblich müssen sie bis heute dort in nebeligen Nächten umhergehen und mit glühenden Ketten wieder und wieder den Boden ausmessen. Ihre Ketten sind es, die die Erde verbrennen und die schleifenden Geräusche verursachen, und weil es ihnen große Schmerzen bereitet, die heißen Ketten anzufassen, sind hin und wieder auch unmenschliche Schreie zu hören.

Meine Grenze, deine Grenze

Die Vorstellungen von Grenzfrevlern, also von Menschen, die sich unrechtmäßig am Grundstück ihrer Nachbarn bereichern, war früher vor allem in der Landwirtschaft weit verbreitet. Bauern legten viel Wert auf ihren Grundbesitz, doch war der oft nicht genau zu bestimmen. Jede illegale Bereicherung wurde daher besonders streng geahndet.

In Sagen wird davon berichtet, dass Grenzfrevler nach ihrem Tod, so wie in dieser Geschichte, als so genannte Feuermänner umhergehen müssen. Die glühenden Ketten sind eine Referenz an das Fegefeuer, in dem sie wegen ihrer Vergehen schmoren müssen.

Die wilde Jagd

Vor vielen hundert Jahren, als die Davert noch viel größer und undurchdringlicher war als heute, gab es bei Ascheberg die Burg Davensburg. Auf dieser Burg lebte ein stolzer Ritter, der seine Untertanen jedoch alles andere als gut behandelte. Daher mochte das Volk ihn nicht und vermied es, ihm zu begegnen.

Am liebsten ging der Ritter auf die Jagd. Das tat er so häufig wie möglich, darum war er ein guter Schütze geworden. Wenn der Ritter und seine Männer einem Tier hinterherjagten, nahmen sie keine Rücksicht auf Grenzen, Zäune oder frisch eingesäte Felder. Sie ritten auf ihrer Hatz einfach kreuz und quer über die Grundstücke, und so manche Bauern mussten danach ihren Zaun reparieren oder ein Feld neu einsäen. Oft erhoben sich wütende Rufe hinter dieser wilden Jagd, die die Arbeit von Monaten binnen einer Minute vernichten konnte. Doch das kümmerte den passionierten Jäger nicht.

Als der Ritter eines Tages wieder auf die Jagd gehen wollten, warnten ihn seine Getreuen: „Herr, es ist Ostersonntag, der höchste aller Feiertage im Kirchenjahr. Wenn Ihr jetzt losreitet, werdet Ihr den Zorn Gottes herbeirufen!“

Aber der Ritter lachte nur. Er war nicht gerade für ein gottesfürchtiges Leben bekannt. Er erwiderte: „Ganz im Gegenteil, heute wird mir das Glück besonders hold sein. Ihr werdet schon sehen!“ Und übermütig fügte er hinzu: „Wenn ich heute keinen Hirschen erlege, dann soll ich wahrhaftig nicht ins Himmelreich einziehen!“

Er ging also wie gewohnt mit seinen Männern auf die Jagd. Doch an diesem Tag war es wie verhext: Kein Hirsch ließ sich blicken, nirgends, auch kein Reh – ja, noch nicht mal ein Hase! Das war noch nie geschehen.

Je weiter der Tag voranschritt, umso mulmiger fühlte sich der

Ritter. Was war nur los? Er gab alles was er konnte, setzte sein gesammeltes Wissen rund um Fährtenlesen und Tierverhalten ein, aber es half nichts: Wild bekam er bis zur Dämmerung nicht zu sehen. Da sagte er: „Von so ein wenig Dunkelheit werde ich mich doch nicht aufhalten lassen!", und ritt mit seinen Männern weiter.

Das war das letzte Mal, dass man den Ritter und sein Gefolge zu Gesicht bekam. Auf ihren Pferden verschwanden sie in der Dunkelheit und wurden nie wieder gesehen.

Seither erzählen die Bauern in der Davert, dass man an manchen Tagen in der Dämmerung eine Gestalt am Himmel sehen könne. Es heißt, dass der ewige Jäger nun das Wild, das er am Ostersonntag nicht bekommen konnte, für immer am Himmel jagen müsse. Sein Geist muss so lange umherirren, bis er schließlich den versprochenen Hirschen erlegt. Erst dann ist der wilde Jäger erlöst. Bisher hat noch niemand gesehen, dass am Himmel ein Hirsch erlegt worden ist. Darum muss die wilde Jagd in der Davert wohl noch ewig weitergehen ...

Die wilde Jagd
Wer zu Lebzeiten im Zusammenhang mit einer Jagd frevelt oder eine Schuld ungesühnt lässt, der muss, weiß der Volksglauben, nach dem Tod als sogenannter wilder Jäger durch die Lüfte fahren. Das Schicksal ist im deutschsprachigen Raum derart verbreitet, dass unter den wilden Jägern so prominente Namen wie Herodes, Frau Holle oder die Percht zu finden sind. Dazu kommen, wie in der gleichnamigen Sage, weitere lokale Jäger, die nach dem Tode dazu verdammt sind, ewig durch die Luft zu ziehen.

Natürlich lässt sich eine wilde Jagd nicht bei Tag, sondern nur bei Nacht beobachten, am wahrscheinlichsten um Mitternacht und während der Raunächte. Zurück geht der Mythos auf Wotan, den obersten germanischen Gott, der selbst als ewiger Jäger über den Himmel zieht. Allerdings ist sein Schicksal ihm nicht vom christlichen Gott aufgezwungen worden. Er hat es sich selbst ausgesucht.

Heute wird der Burgturm unter anderem für romantische Trauzeremonien genutzt – auch, wenn im Untergeschoss noch das ehemalige Verließ zu erkennen ist. Von wilden Jägern fehlt allerdings jede Spur.

Heute ist die Hohe Ward vor allem von Wald bedeckt, doch in früheren Zeiten, als sie ein großes Heidegebiet war, warnten die Einheimischen vor dem Heidemann, dem man dort in stürmischen Nächten begegnen konnte.

Der Mann in der Heide

„Geh nicht, mein Kind!“, flehte eine Mutter in Rinkerode vor vielen Jahren ihre Tochter an.

Doch die erwiderte: „Es ist schon viel zu spät, ich muss mich beeilen, um noch zur vereinbarten Zeit zu den Herrschaften zurückzukommen! Du weißt, was abgemacht war!“

„Aber nimm‘ nicht den Weg durch die Heide! Es stürmt und wird bald dunkel!“

„Was soll ich denn tun, Mutter? Möchtest du, dass die Herrschaften mich hinauswerfen? Nein, ich muss pünktlich zum Dienst erscheinen!“ Mit diesen Worten packte die junge Magd ihre Sachen und verließ ihre Familie. Die Mutter schaute ihr in der heraufziehenden Dämmerung noch lange nach. Sie hatte kein gutes Gefühl, denn sie kannte die Geschichten vom Heidemann, die man sich hier in den Dörfern rund um die Hohe Ward erzählte. Er sollte in stürmischen Nächten in der Heide umgehen und junge Mädchen geradewegs ins Verderben führen.

Die junge Magd lief so schnell sie konnte. Die Tannen rauschten im Wind, die Wolken schienen am Mond vorbeizujagen. Kein Wunder, dass sie bei diesem Wetter ganz allein unterwegs war. Je weiter sie lief, umso mehr schien ihr das Sausen und Brausen des Windes von einer merkwürdigen Regelmäßigkeit. Ihr war, als brächten ihre Schritte eine Art windiges Echo hervor. Hätte die junge Magd sich umgesehen, dann hätte sie gemerkt, dass ihr tatsächlich ein Schatten zu folgen schien. Doch sie dachte nur daran, pünktlich zur Arbeit zu kommen. Sie merkte nicht, wie der Wind, dem sie sich mit jedem Schritt entgegenstellte, bisweilen ihr Gesicht streichelte.

Plötzlich erschrak sie. Was war das? Etwas Feuchtes streifte ihre Wange, es war wie ein Atemhauch ... Als sie zur Seite blickte, sah sie einen großen Mann neben sich herlaufen. Sein Mantel wehte im Wind, seine Stiefel waren mit Eisenschnallen versehen und merkwürdigerweise saß sein Hut trotz des Windes wie festgewachsen auf seinem Kopf. Nur die Feder daran bewegte sich heftig.

Die Magd erschrak und rief: „Der Heidemann!“ Sie rannte davon. Doch der große Fremde folgte ihr mit unheimlicher Leichtigkeit. Weil er so groß war und nur einen Schritt tat, wenn die Magd drei machte, bereitete es ihm keine Mühe, an ihrer Seite zu bleiben. Die junge Frau stolperte in ihrer Hast und wollte sich gerade aufrappeln, als sie merkte, dass ihr jemand freundlich über den Rücken strich. Der Fremde sagte noch immer nichts, aber er schien ihre Not zu erkennen, denn er hob sie mit seinen kräftigen Armen auf, wickelte sie in seinen großen Mantel und trug sie mit Riesenschritten durch Wald und Heide.

Als die Magd bereits die ersten Lichter des Dorfes erkennen konnte, setzte der Heidemann sie behutsam ab. Sie spürte etwas Feuchtes an den Lippen – hatte der Heidemann sie etwa geküsst? Aber der Fremde drehte sich grußlos um und verschwand in der Dunkelheit.

Die Magd kam pünktlich bei ihrer Arbeitsstätte an, doch sie konnte sich kaum noch aufrecht halten. Ihr zitterten die Knie, und sie war so bleich, dass sie direkt ins Bett geschickt wurde. Auf Fragen konnte sie nicht antworten. Es schien, als habe ihr etwas die Sprache verschlagen.

Am nächsten Morgen erschien sie nicht zum Dienst. Als die Herrschaften nach ihr schicken ließen, fand man sie leblos und mit weit aufgerissenen Augen in ihrem Bett.

Der Wind, der Wind, das himmlische Kind

Die Vorstellung des Windes als belebte Naturgewalt gibt es bis heute. Wir sprechen davon, dass der Wind „heult“, „tobt“ oder „braust“ und dass er „an den Fensterläden zerrt“. Aus der germanischen Mythologie ist der Windriese Fasolt überliefert, der in menschlicher Gestalt auftritt und Jungfrauen hetzt. Er mag als Vorbild für den Heidemann gedient haben, wenngleich der Wind als Riese in vielen Geschichten anzutreffen ist.

Ein Gedicht über den Heidemann gibt es übrigens auch: Annette von Droste-Hülshoff hat dieser merkwürdigen Sagengestalt die gleichnamigen Verse gewidmet. Bei ihr ist er aber nicht die große Gestalt, sondern Nebel, der schließlich von einem Brand in der Heide vertrieben wird.

Grenzgang

Im Zwillbrocker Venn, einem Moor an der niederländischen Grenze, sollen des nachts gefährliche Gestalten umgehen. Davor wurde ein Wanderer gewarnt, der abends noch nach Holland wollte.

„Geh' lieber morgen", sagten die Einheimischen.

Er aber meinte: „Es ist ja nicht mehr weit. Das schaffe ich schon", und machte sich auf den Weg.

Es war bereits dunkel, als er im Venn ankam. Die Menschen aus der Gegend hatten ihm den Weg beschrieben, darum fand er sich gut zurecht. Zusätzlich beleuchteten Lichter, die über dem Wasser zu schweben schienen, die Szenerie.

„Wie seltsam", sagte der Wanderer zu sich, denn von Beleuchtung hatte man ihm gar nichts gesagt.

Er lief weiter ins Moor hinein. Da meinte er, ein jämmerliches Wimmern zu hören, wie von einem Tier, das große Schmerzen leidet. Er blieb stehen und lauschte. Es klang wie „Höi – höi – höi".

„Wie seltsam", sagte der Wanderer wieder. Er dachte darüber nach, ob Menschen solche Laute ausstoßen konnten. Gab es im Moor vielleicht jemanden, der Hilfe benötigte? Er blickte zweifelnd in die Richtung, aus der die Laute kamen, und sah wieder die schwebenden Lichter. Aber der Wanderer war nicht dumm. „Von solchen Tricks lasse ich mich nicht in die Irre führen", sagte er, „das sind bestimmt Räuber, die mich ins Verderben locken wollen!"

So blieb er auf dem Weg, doch die Laute verstummten nicht. Sie wurden mal leiser und dann wieder lauter, schienen mal von rechts und mal von links zu kommen. Der Wanderer blieb noch einige Male stehen und lauschte, aber seinen Weg verließ er nicht. Dennoch irritieren ihn die Geräusche und an einer Kreuzung nahm er den falschen Weg. Statt auf dem direkten Weg in die Niederlande, lief er, ohne es zu wissen, immer weiter die Grenze entlang.

„Seltsam“, sagte er irgendwann zum dritten Mal, „ich hätte längst schon in Holland sein müssen!“

Aber er lief unverdrossen weiter. Irgendwann kam er an ein verwittertes Schild. Er entzündete ein Streichholz und las es. In die eine Richtung ging es nach Alstätte, in die andere nach Holland.

„Na endlich – Holland!“, dachte der Wanderer und nahm den angezeigten Weg.

Doch was war das? Ihm schien, als hätte ihn etwas im Nacken berührt. Er drehte sich um, aber es war niemand zu sehen. Kopfschüttelnd ging er weiter, doch die Schritte wurden immer schwerer. Ihm war, als hockte ein Gewicht auf seinen Schultern, doch wann immer er mit der Hand darüberfuhr, war nichts zu spüren.

Je weiter er kam, umso schwerer fiel ihm das Gehen. Mit letzter Kraft schleppte er sich über die Grenze – und da war das Gewicht mit einem Mal verschwunden! Verwirrt blickte der Wanderer sich um und sah, dass bereits der Morgen graute. Mit großen Schritten lief er nach Holland hinein. Es heißt, er habe die Grenzregion nie wieder betreten.

Wer hat da gerufen? Der Hemann
Er ruft entweder „He“ oder „Hoi“ und so heißt er auch: Der Hemann oder Hoimann ist in ganz Deutschland bekannt. Er ist in Wäldern oder sumpfigen Gebieten zu Hause. Wer ihm antwortet, auf ihn zugeht oder sonst wie mit ihm interagiert, dem droht der Tod. Einst sollen auf fast allen westfälischen Heiden zur Geisterstunde solche „Juchhehmännchen“ vernommen worden sein. Das akustische Phänomen wird er-

gänzt durch das optische der so genannten Feuermännchen. Manchmal treten sie auch gemeinsam auf. Es heißt, dass diejenigen, die früher in der Region Grenzsteine zu ihrem Vorteil versetzt haben, als Feuermännchen umgehen müssen. Von Aufhockern – also Geistern, die sich an den Körper klammern und bis zu einem bestimmten Punkt immer schwerer werden – gibt es ebenfalls nicht nur aus Alstätte zahlreiche Zeugnisse. Berichte über die gefährlichen Kobolde sind in letzter Zeit allerdings seltener geworden. Das kann damit zusammenhängen, dass man im digitalen Zeitalter nur noch selten Grenzsteine sieht.

Das Zwillbrocker Venn ist heute relativ klein und überschaubar. Aber das war nicht immer so. Leider existiert keine Aufzeichnung darüber, wie viele Menschen im Laufe der Zeit hinein- aber nicht wieder hinausgekommen sind ...

Der letzte Weg

Einst befand sich eine alte Schulzenfrau zu Fuß auf dem Heimweg durch die Baumberge. Sie kam zu einer Schenke, die Adams Hoeck genannt wurde. Es war kalt und bereits dunkel, und sie war durstig. Die Schulzenfrau ließ sich am Herdfeuer nieder und bestellte etwas zu trinken. Die Schenke war gut besucht, Musikanten spielten am Feuer, Landsknechte zechten, einige Leute sangen und andere tanzten.

Die alte Mersche, wie eine Schulzenfrau früher auch genannt wurde, fiel nicht nur durch ihre breite und behäbige Gestalt auf, sondern auch, weil ihr griesgrämiges Gesicht nicht zu den fröhlichen Menschen um sie herum passen wollte. Einige Landsknechte begannen zu tuscheln, als sie die Frau da so allein sitzen sahen. Bald sprach es sich herum, dass es sich bei ihr um eine vermutlich wohlhabende Schulzenfrau handelte.

Die Frau selbst beachtete das Geschehen um sie herum jedoch nicht. Ihr bestelltes Bier kam, sie leerte den Krug in einem Zug und rief: „Wirt, zahlen!“ Sie freute sich auf ihr gemütliches Zuhause.

Während des Bezahlens hörten es zwei Landsknechte in ihrem Geldbeutel vernehmlich klimpern. „Tusend, tusend, kienen Deut“, soll sie vor sich hingemurmelt und schließlich das nötige Kleingeld hervorgekramt haben.

„Die muss aber ganz schön viele Münzen dabeihaben“, sagte der eine Mann. Er blickte verstohlen zu der Frau hinüber. Konnten sich wirklich tausend Kupfermünzen oder gar Silberstücke in diesem Beutel befinden? Es war durchaus üblich, dass Menschen ab und an mit viel Bargeld unterwegs waren. Angetrunken, wie die beiden Söldner waren, beschlossen sie, der Frau zu folgen und ihr das Geld abzunehmen.

Die Frau verließ die Schenke und setzte ihren Heimweg fort. In der Dunkelheit merkte sie nicht, dass ihr zwei Männer folgten.

Auf Höhe der ehemaligen Landwehr überfielen sie die Frau. Einer der Landsknechte stellte sich ihr in den Weg. „Beutel her!“, sagte er, „oder du wirst es bereuen!“

Noch heute kann man das Kreuz unweit der Stelle finden, an der damals der Raubmord geschah. Wer sich die Zeit nimmt, die verwitterte Inschrift zu entziffern, der liest: „INRI // Anno 1764 alda bi dig cre ist reboriret das alhie eine Meiersche Tilbick vermordet ist.“

Doch die alte Frau dachte gar nicht daran, ihr Hab und Gut einfach so den Räubern zu überlassen. Als die beiden sie festhalten wollten, wehrte die Mersche sich mit beiden Händen. Da nahm der eine Landsknecht einen schweren Ast und schlug ihr mit voller Wucht auf den Kopf. Die Schulzenfrau stürzte zu Boden.

Sie lag leise röchelnd und bewegungslos in ihrem eigenen Blut. Dem einen Landsknecht wurde der Anblick der wehrlosen, verletzten Frau zu viel. „Lass uns von hier verschwinden“, drängte er.

„Ohne die Beute?“, gab der andere zurück. „Niemals!“ Er beugte sich hinunter und durchsuchte die Rocktaschen der Frau. Da war der Beutel!

Im Wald war es zu dunkel, um die Beute genauer in Augenschein zu nehmen. Die Männer überließen die sterbende Alte sich selbst und gingen zurück zu ihrem Nachtlager. Dort öffneten sie den Beutel erwartungsvoll. Doch was war das? Statt der erhofften Silberstücke befanden sich lauter rostige Nägel darin!

„Schuhnägel!“, stöhnte der eine.

„Und dafür haben wir eine Frau getötet!“, erwiderte der andere.

Da die beiden Trunkenbolde zuvor ihr Vorhaben in der vollen Kneipe nicht gerade leise besprochen hatten, und sich zahlreiche Besucher von Adams Hoeck an die Schulzenfrau und die Landsknechte erinnerten, konnte man nach dem Fund der Leiche am nächsten Tag schnell herausfinden, wer hinter der Tat steckte. Die beiden Männer stritten die Tat nicht ab. Manch einer sagte, sie hätten beinahe froh ausgesehen, als man sie verhaftete.

Das Femegericht tagte an der alten Linde bei Schapdetten und sprach die beiden Landsknechte des gemeinen Raubmords schuldig: „Verfemt zum Strang!“

Wie es damals so üblich war, wurde das Urteil sogleich vollstreckt.

Noch heute ist die alte Landwehr, an der sich einst die Bluttat ereignete, bei Nacht ein dunkler und unheimlicher Ort, der von vielen alten Bäumen überschattet wird.

Mordkreuze

Sogenannte Mordkreuze gab es früher im Münsterland häufiger. Sie standen meist an Wegen oder Wegkreuzungen, wo sie als Sühne für einen begangenen Mord oder Totschlag errichtet wurden.

Diese Art der steinernen Gedenkkreuze mit Inschriften war seit dem 16. Jahrhundert weit verbreitet – nicht nur im deutschsprachigen Raum, sondern auch in anderen europäischen Ländern. Kreuze aus noch älterer Zeit sind ebenfalls überliefert, allerdings zeigen sie eher bildhaft, was einst an der Stelle geschehen sein mag, indem sie Waffen abbilden. Mehrere tausend dieser Sühnekreuze haben bis heute in Europa überdauert.

Der wütende Ritter

In Heek im Kreis Borken lassen sich heute noch die Reste einer alten Burg, Nienborg genannt, bestaunen. Von einem der dort ansässigen Ritter ist überliefert, dass er einst sein Lieblingspferd verwundet auf der Weide vorfand. Er konnte sich die tiefe Wunde nicht anders erklären als damit, dass ihm jemand absichtlich schaden wollte. Er fragte seine Untergebenen, ob sie etwas Verdächtiges bemerkt hätten. Verschiedene Bedienstete gaben an, eine Bäuerin aus der Gegend mehrfach an der Weide gesehen zu haben.

Der Ritter eilte zu dem Bauernhaus und stellte die junge Frau zur Rede.

„Ich habe Pflanzen für meinen Aufguss gesammelt", gab sie an. „Mit der Wunde Eures Pferdes habe ich nichts zu schaffen!"

Doch der Ritter glaubte ihr nicht und ließ sie festnehmen. War da nicht ein hinterhältiges Funkeln in ihren Augen? Und hatte er nicht gehört, wie sie ihm eine Beleidigung zuzischte, als sie glaubte, er bekäme es nicht mit? Der Ritter war sich jedenfalls sicher, die Täterin vor sich zu haben und steckte sie in den Kerker der Nienborg. In der Zwischenzeit infizierte sich die Wunde am Bein des Tieres. Sein geliebtes Pferd starb binnen weniger Tagen an den Folgen der Verletzung.

Der Ritter war außer sich vor Trauer und Wut. In jener Zeit war es so, dass mächtige Ritter nicht nur die ausführende, sondern auch die richterliche Gewalt über ihr Herrschaftsgebiet in sich vereinten. Der wütende Ritter in Heek verurteilte die Bäuerin aufgrund ihres Vergehens kurzerhand zum Tode. Sie sollte auf dem Scheiterhaufen brennen – eine besonders qualvolle Art der Hinrichtung.

Wie von fast jeder Burg, die bis auf den heutigen Tag überdauert hat, so ist auch von der Nienborg in Heek das Schicksal eines Herrschenden überliefert. Von der Burg jedoch stehen nur noch Reste wie dieses ehemalige Burgmannenhaus.

Da die Frau aber in der folgenden Zeit fortwährend ihre Unschuld beteuerte, musste das Urteil noch vom Landrichter in Münster bestätigt werden, ehe es vollstreckt werden konnte. Der Scheiterhaufen wurde bereits aufgeschichtet und die Unglückliche an den Pfahl gebunden, doch der Bote aus Münster war noch immer nicht eingetroffen. Ungeduldig lief der Ritter vor der Richtstätte auf und ab. Er konnte es gar nicht abwarten, das Urteil vollstreckt zu sehen! In dem Moment gewahrte er einen Reiter am Horizont, der wild seinen Hut auf und ab schwenkte, doch er beachtete ihn nicht.

„Was soll‘s“, sagte der Ritter zu seinen Getreuen, „ich kann nicht ewig warten. Zündet das Holz an!“

Seine Diener taten mit bangem Herzen wie ihnen geheißen. Bald schon schrie die Frau hoch und schrill in Todesangst, bevor die Flammen höher und höher loderten und ihre Schreie schließlich verebbten. Als die Frau nicht mehr zu retten war, traf der Bote schließlich ein. Sein Pferd bebte vor Anstrengung und glänzte vor Schweiß.

„Ich habe gewunken wie wild“, sagte er, nachdem er wieder zu Atem gekommen war, „habt Ihr mich denn nicht gesehen? Das Urteil ist in Münster aufgehoben worden!“

„Du kommst zu spät“, sagte der Ritter, „ich habe es bereits vollstreckt.“ Er zeigte auf den Scheiterhaufen und die verkohlte Leiche.

„Ihr seid ein Narr “, sprach der Bote da, „Ihr habt Euch über geltendes Recht hinweggesetzt. Möge der Teufel Euch holen!“ Mit diesen Worten ritt er davon.

Der Ritter lachte nur. „Mehr als eine Verwünschung hast du nicht zu bieten? Na, das sind ja feine Herren in Münster, denen du dienst!“

Er ließ zur Feier des Tages ein großes Festgelage auf der Nienborg veranstalten. Es wurde so wild und ausgelassen gefeiert wie selten zuvor. Doch zu später Stunde fiel plötzlich auf, dass der Ritter nicht mehr an seinem Platz saß. Die Menschen machten sich auf, ihn zu suchen.

Sie fanden ihn schließlich auf dem Abort sitzend, das Gesicht unnatürlich weit in den Nacken gelegt, die Augen vor Schreck geweitet. Er war tot.

Die vielen Aufgaben des Teufels

Für die katholische Kirche ist der Teufel das genaue Gegenteil des guten und allmächtigen Gottes: Er repräsentiert das personifizierte Böse und wird mit Sünde und Versuchung gleichgesetzt. Seine konkrete Gestalt im Volksglauben ist jedoch anderer Natur, denn in sie sind unter anderem Elemente des griechischen Gottes Pan mit seinen Hörnern und

Bocksbeinen, aber auch andere Mythen- und Sagengestalten wie Riesen und Kobolde eingeflossen. Der Teufel ist in vielen Sagen jemand, der Ungläubige und Sündige bestraft, aber ebenso einer, der Schabernack treibt oder die Menschen zu verführen versucht. Dann erscheint er bei Weitem nicht allmächtig, sondern mehr oder weniger als Witzfigur mit übernatürlichen Kräften, die ausgetrickst werden kann. Zu den immer wieder beschworenen Kräften des Teufels gehört die Verwandlungsfähigkeit in nahezu jedes beliebige Tier und jede menschliche Gestalt – wobei gerade die menschliche Gestalt schnell als Täuschung entlarvt werden kann, denn die typischen Bocksbeine mitsamt ihren Hufen bleiben ihm immer erhalten.

Außerdem ist er der Wächter über die Hölle, ein schreckliches Totenreich, in dem nach christlichem Glauben alle bösen und selbstsüchtigen Menschen auf ewig große Qualen leiden müssen. „Ach, soll ihn doch der Teufel holen", sagten die Menschen früher zu jemandem, dem sie ein solches Schicksal wünschten – und das offensichtlich auch den Ritter in der Nienborg ereilt hat.

Tagsüber herrscht auf dem Prinzipalmarkt oft dichtes Gedränge, aber in der Nacht gibt es unter den berühmten Bögen viele Schatten. Und wer weiß schon, was sich darin alles verbirgt?

Harenberg
schnitzler

Besuch im Nachbarhaus

Einst diente eine Magd in einem vornehmen Haushalt am Prinzipalmarkt in Münster. Eines nachts erwachte sie – sie wusste selbst nicht so recht, warum – und hielt in ihrer Schlaftrunkenheit den Mond für die aufgehende Sonne. Darum meinte sie, es sei an der Zeit aufzustehen und das Feuer im Ofen zu schüren. Wie jeden Morgen ging sie unter den Bögen zum Nachbarhaus, um die Kohlen aus dem gemeinsamen Keller zu holen.

Entgegen der sonstigen Gewohnheit stand die Haustür der Nachbarn weit offen. Die Magd fürchtete, es könnte etwas Schlimmes passiert sein. Sie wollte ihre Hilfe anbieten und betrat die Stube. Sie sah zahlreiche Männer um den Tisch versammelt, die in altertümlicher Kleidung und mit wuchtigen Perücken auf dem Kopf Karten spielten. Als die Magd eintrat, blickten die Männer auf und schauten sie böse an. Eingeschüchtert murmelte die Bedienstete eine Entschuldigung dafür, dass sie die Männer gestört habe. Offenbar, so dachte sie, handelte es sich bei ihnen um Gäste aus einer fernen Gegend. Die Magd ging zum Kohlenschacht, nahm eine Schüppe voll und verließ das Haus.

Doch etwas stimmte mit den Kohlen nicht. Waren sie vielleicht feucht geworden? Sie wollten nicht richtig brennen. So sah die Magd sich schließlich dazu genötigt, noch einmal in das nachbarschaftliche Haus zu gehen und weitere Kohlen zu holen.

In der Stube waren die Männer noch immer mit ihrem Spiel beschäftigt. Als die Magd eintrat, sagte einer der Fremden mit heiserer Stimme zu ihr: „Du störst uns! Dieses Mal darfst du noch Kohlen nehmen! Kommst du aber ein drittes Mal, dann brechen wir dir den Hals!“ Die Magd erschrak, nahm sich schnell noch einmal Kohlen und lief damit wieder zurück.

In dem Moment, in dem sie durch die Haustür trat, schlug es von der Lambertikirche ein Uhr. Ihr wurde klar, dass sie zur Unzeit aufgestanden und offenbar Zeugin einer Geistererscheinung geworden war. Oder hatte sie vielleicht nur geträumt? Die Magd fühlte sich plötzlich sehr müde. Sie stellte die Kohlen vor dem Herd ab und legte sich ins Bett.

Später schien die Sonne durch das Fenster und weckte sie. Die Magd stand auf und wollte die Kohle nutzen, um Feuer zu entfachen. Doch als sie in den Korb sah, hielt sie inne. Daraus strahlte es ihr merkwürdig gelblich entgegen. Sie trat näher und traute ihren Augen kaum. Die Kohlenstücke hatten sich in lauter Goldmünzen verwandelt! Aufgeregt weckte sie ihre Herrschaften und berichtete ihnen davon, was sich in der letzten Nacht ereignet hatte. Die Hausherren ließen im Nachbarhaus weitere Untersuchungen anstellen. Sie fanden schließlich unter dem Fußboden eine versteckte Kiste voller Goldmünzen.

Die Magd und ihre Herrschaften wurden durch diesen Fund so reich, dass sie alle bis an ihr Lebensende nicht mehr arbeiten mussten und sich um nichts mehr zu sorgen brauchten.

Mein Schatz!

Die Vorstellung, durch das zufällige Finden eines Gold- oder Silberhords schnell und unkompliziert reich zu werden, spielte im Volksglauben vieler Kulturen eine große Rolle. Aus dem Brauch heraus, den Toten wertvolle Gegenstände für ihr Leben im Jenseits mit ins Grab zu geben, entwickelte sich im Laufe der Zeit die Vorstellung, viele wertvolle Dinge lägen unter der Erde und müssten nur gefunden werden.

Aus heutiger Sicht mag es absurd erscheinen, auf dem belebten Prinzipalmarkt in einem der gutbürgerlichen Häuser einen Schatz zu verstecken, aber früher war nicht nur das Ende des Regenbogens ein heißer Tipp für den Kessel voll Gold, sondern ebenso oft ein Ort am oder im Haus.

Doch natürlich sind diese glücklichen Funde in der Überlieferung immer an mindestens eine Bedingung geknüpft. Ganz wie im Märchen muss auch in der Sage zunächst ein Hindernis überwunden oder eine Prüfung bestanden werden, um die Belohnung in Form des Schatzes zu erhalten. In der vorliegenden Sage sind das zum einen die unheimlichen Geister, an denen die Magd vorbei muss, und zum anderen die magische Tarnung des Goldes als Kohlenstücke.

Die fremde Kutsche

Auf dem Weg von Südlohn nach Stadtlohn, nahe der niederländischen Grenze, kommt man linkerhand an Haus Volmering vorbei. Heute ist es ein schlichtes landwirtschaftliches Gutshaus, früher war es jedoch ein stattliches Anwesen, das der Überlieferung nach einst vom Wittelsbacherfürst Clemens August erbaut wurde. In einer Zeit, die irgendwo zwischen den Wittelsbachern und heute liegt, bewohnte es ein alter Adeliger namens von Basse.

Damals gab es an der Grenze nicht nur tagsüber strenge Kontrollen, sondern auch Nachtpatrouillen. Zöllner gingen dort Wache, um Schmuggelnde auf frischer Tat zu ertappen.

Eines nachts waren die Grenzbeamten bei Haus Volmering unterwegs, als ein ungewöhnlich heftiger Regenguss einsetzte. Die Männer flüchteten vor dem Unwetter kurzerhand in den Geräteschuppen des Hauses, der nicht abgeschlossen war.

Als der Regen schließlich nachließ und die Gruppe den Schuppen gerade wieder verlassen wollte, hörten sie die Glocke der Südlohner Kirche zwölf Mal schlagen. Im gleichen Moment bog eine schwarze Kutsche in vollem Galopp auf den Hof des Herrenhauses. Die Zöllner sahen sich an. Ihre Erfahrung hatte ihnen gezeigt, dass die Ursache für solch ein nächtliches Treiben durchaus unerlaubte Geschäfte sein konnten. Sie beschlossen, von ihrem Versteck aus alles zu beobachten.

Die Kutsche machte einen herrschaftlichen Eindruck. Vier edle Pferde standen davor, genauso schwarz wie die Kutsche. Die Tiere trugen passendes schwarzes Geschirr und schwarze Schabracken. Zwei Männer stiegen in großer Eile aus der Kutsche und stürmten die Treppe zum Haupthaus hinauf. Ihr Gebaren machte den Eindruck, als seien sie schon oft vor Ort gewesen und würden sich auskennen. Die beiden waren ebenfalls dunkel gekleidet, trugen schwarze Mäntel und schwarze Zylinder. Es dauerte nur wenige Augenblicke, da stürmten die Männer bereits wieder aus dem Gebäude. Sie sprangen in die Kutsche und das Gefährt stob in Richtung Stadtlohn davon.

Den Zöllnern im Schuppen war es währenddessen ganz merkwürdig zu Mute geworden. Noch eine Weile schauten sie in den nachlassenden Regen hinaus. Ihnen wurde bewusst, dass sie während des gesamten Spektakels nicht ein einziges Geräusch gehört hatten! Als der Regen aufhörte, schlichen sie sich leise durch die Dunkelheit davon.

Am anderen Morgen hörten sie, dass von Basse in der Nacht gestorben sei. Sein Diener hatte ihn morgens leblos im Bett gefunden.

Phantomkutschen

Phantomkutschen bilden eine Untergruppe der Phantombilder, also jener unerklärlichen optischen Signale, die den Naturgesetzen widersprechen. Sie können von einzelnen Personen oder mehreren Menschen gleichzeitig wahrgenommen werden und sind auf der ganzen Welt als übernatürliches Phänomen bekannt.

Phantomkutschen tauchen in mehreren münsterländischen Geschichten auf. Immer sind sie so schwarz wie die Pferde, die sie ziehen, und ihre Passagiere sind ebenfalls dunkel gekleidet. Sie können vorfahren, um einen Sterbenden oder seine Seele abzuholen oder aber den Toten für nächtliche Fahrten dienen. Phantomkutschen sind nicht nur unnatürlich schnell, sondern auch lautlos unterwegs. Wer sie erblickt, ist im Regelfall ebenfalls dem Tode geweiht.

Teile dieser Legende stimmen mit tatsächlichen Gegebenheiten überein: Das Geschlecht derer von Basse ist für das 19. Jahrhundert auf Haus Volmering belegt. In dieser Zeit waren die in der Geschichte vorkommenden Zylinder die typischen Hüte, und mit dem Ende des 19. Jahrhunderts verschwindet der Name von Basse an diesem Ort.

Heute deutet nichts mehr an Haus Volmering auf ein adeliges Gut hin. Nur die herrschaftliche Kastanienallee mit Resten eines Wassergrabens zeigt, dass hier vor vielen Jahren mal ein repräsentatives Gebäude gestanden haben muss.

Noch heute stehen in Billerbeck zahlreiche alte Häuser. Ob eines von ihnen einst der Spukort eines Nachtmahrs gewesen ist?

Die Waschfrau

Ein junges Mädchen arbeitete einst als Magd bei einem Wachtmeister in Billerbeck. Ihr Zimmer lag ganz oben unter dem Dach, noch über dem Schlafzimmer des Wachtmeisters. Eines Abends, als sie im Bett lag, hörte sie die Stufen auf der Treppe zu ihrer Kammer knarzen. Kraak, kraak, kraak machte das alte Holz.

Das wird der Wachtmeister sein, sagte sie sich, denn manchmal wurde er auch spätnachts noch gerufen. Sie lauschte in der Dunkelheit danach, ob ihr Dienstherr sie rief, doch alles blieb still. Mit einem Mal spürte sie etwas enorm Schweres auf ihrer Brust. Sie fühlte sich plötzlich ganz benommen und meinte, sie müsste ersticken, geriet in Panik, wollte schreien – aber sie konnte sich weder bewegen noch um Hilfe rufen!

Einige Augenblicke später merkte sie erleichtert, wie die Zentnerlast von ihr genommen wurde. Sie konnte sich wieder bewegen! Und da war das Geräusch auf der Treppe wieder: Kraak, kraak, kraak.

Am nächsten Morgen erzählte die Magd die seltsame Begebenheit der Frau des Hauses. Die wunderte sich sehr; so etwas war ihr noch nicht zu Ohren gekommen.

„Dort oben schlafe ich ganz bestimmt nicht mehr“, sagte die Magd.

„Das verstehe ich gut“, erwiderte die Hausherrin. „Wir haben bestimmt eine andere Kammer für dich, du kannst heute noch umziehen. Ich werde mich außerdem bei meinen Freundinnen einmal danach erkundigen, was es mit dieser Sache auf sich haben könnte.“

Später erschien die Waschfrau; eine ältere, wortkarge Dame, die an den arbeitsreichen Waschtagen aushalf. Die Magd hatte sich zwar etwas beruhigt, aber ihr gingen die merkwürdigen Vorkommnisse noch immer im Kopf herum, darum erzählte sie der Waschfrau davon.

„Na sowas!“, sagte die Alte und bat sie, mehr zu erzählen.

Das ist ja merkwürdig, dachte die Magd, sonst ist die Frau doch immer allem gegenüber so gleichgültig! Doch sie kam ihrer Bitte nach und erzählte von den Vorkommnissen und dem Gefühl, ersticken zu müssen. „Sei nur froh, dass du nicht hier übernachtest!“, sagte sie seufzend.

„Und du schläfst nun gar nicht mehr in der Dachkammer?“, hakte die Alte nach.

Da zuckte die Magd zusammen. Woher wusste die Waschfrau, dass ihre Kammer unter dem Dach lag? Sie hätte schwören können, sich mit ihr nie darüber unterhalten zu haben.

Die Magd wusste nicht, was sie darauf erwidern sollte, und so schwieg sie einfach und ging weiter ihrer Arbeit nach. Im Laufe des Tages vergaß sie die Bemerkung.

Einige Tage später, als sie sich mit der Hausherrin über ihr neues Zimmer unterhielt, fiel ihr die seltsame Frage der Waschfrau wieder ein, und sie erwähnte die Begebenheit.

„Ich habe mich inzwischen nach möglichen Ursachen erkundigt“, erwiderte die Hausherrin. „Dafür kann es nur eine Erklärung geben: Die Waschfrau muss eine Nachtmehr sein!“

Es ist mit Sicherheit kein Zufall, dass die Waschfrau seither nie wieder in Billerbeck gesehen wurde – und sich auch der unheimliche Besuch zur Geisterstunde nie mehr wiederholte.

Bettgeflüster: Nachtmahre, Aufhocker, Alben und Compagnie

Nachtmahre, auch Nachtmehre, bezeichnen einen weiblichen Dämon. Im englischen Begriff nightmare hat diese Bezeichnung bis heute überdauert. Mancherorts sind diese Spukphänomene als Alpen bekannt; ein Ausdruck, der wohl auf die Bezeichnung Elf zurückgeht und dann sowohl männliche als auch weiblich Vertreter bezeichnen kann. Alpen oder Alben sind die Namenspaten für unsere Alb-Träume.

Wie auch immer man sie nennt: Die unerwünschten nächtlichen Besucher und Besucherinnen sind im gesamten europäischen Raum bekannt. Nachtmahre sind sogenannte Druckgeister, die sich dem Opfer nachts auf die Brust legen und es (fast) bis zum Ersticken drücken. Die Gepeinigten verspüren starke Schmerzen und Atemnot. Gleichzeitig können sie sich nicht bewegen. Mitunter geht mit dem Spuk eine erotische Komponente einher, nämlich dann, wenn junge Männer von nackten Mädchen erdrückt werden und umgekehrt. Der Druckgeist muss aber keineswegs immer nackt sein. Er kann, wie in der Sage aus Billerbeck, auch körperlos oder in Form eines Tieres oder sogar eines Gegenstandes erscheinen.

Doch die Aufhocker kommen nicht nur in die Betten, manchmal warten sie an bestimmten, als unheimlich bekannten Orten, um nächtlichen Heimkehrern hinterrücks auf die Schultern zu springen und ihnen so Schmerzen zuzufügen. Das Bewegen fällt ihnen dann zunehmend schwerer. Verlassen die Opfer den Ort oder beginnen sie zu beten, löst sich der Druckgeist.

Gegen nächtliches Albdrücken soll es im Münsterland übrigens helfen, die Schuhe verkehrt herum vor das Bett zu stellen. Es heißt, dass der Nachtmahr zunächst in die Fußstapfen seiner Opfer treten muss, bevor er ihnen Leid zufügen kann. Gelingt ihm dies nicht, muss er bereits vor dem Bett wieder umkehren.

Moderne Erklärungen für die nächtliche Atemnot sind vielfältig und reichen von Angina Pectoris über ein zu reichhaltiges Abendessen bis hin zu unterdrückten sexuellen Trieben.

Die letzte Nacht

Vor langer Zeit versah ein fleißiger und gottesfürchtiger Pfarrer in der Sankt-Mauritz-Kirche in Münster seinen Dienst. Er hatte den siebzigsten Geburtstag bereits überschritten. Sein Haar leuchtete silbern und er lief ein wenig gebeugt, doch noch immer versah er voller Freude und Mitgefühl seinen Dienst und war daher in seiner Gemeinde sehr beliebt.

Es war in der letzten Nacht des Jahres, mitten in einem strengen Winter, als das Läuten der Türglocke den Pfarrer aus dem Schlaf riss. Vor ihm stand eine Frau, der ihre Sorgen deutlich anzusehen waren. Ihr Mann liege im Sterben und sehne sich nach der heiligen Kommunion.

„Ich komme sofort, gute Frau!“, sagte der Pfarrer ohne zu zögern. „Geht doch schon zurück, während ich noch schnell eine geweihte Hostie hole.“

Der alte Mann zog sich an, nahm seinen Mantel vom Haken, steckte die Schlüssel ein und griff nach seiner Laterne. Dann ging er die wenigen Schritte vom Pfarrhaus über den dunklen und verlassenen Vorplatz zur Kirche.

Aber was war das? Hinter den großen Chorfenstern strahlte es hell in die Nacht. Die ganze Kirche war erleuchtet! Der Kirchendiener musste vergessen haben, nach der Abendmesse die Lichter zu löschen. Der Pfarrer schüttelte verärgert den Kopf und steckte seinen Schlüssel in das Schloss der Kirchenpforte. Die war zumindest ordnungsgemäß verschlossen. Der alte Schlüssel drehte sich quietschend, und die mächtige Eichenholztür schwang auf. Just in dem Moment hörte der Pfarrer die Glocke im Kirchturm Mitternacht schlagen.

Er trat ins Innere und war überrascht. Denn nicht nur sämtliche Lichter brannten. Er erblickte viele Gläubige, Männer und Frauen, die in den Kirchenbänken saßen. Alle beteten scheinbar innig aber lautlos. Es waren vor allem alte Menschen, die er kannte, weil sie schon lange zu seiner Gemeinde zählten. Wie waren sie hereingekommen? Und was wollten sie ausgerechnet um Mitternacht in der Kirche?

Der Pfarrer durchquerte das Mittelschiff so leise wie möglich, nickte grüßend mal in diese, mal in jene Richtung. Dabei war ihm unbehaglich zumute. Er fühlte, dass er die Versammelten in ihrem Gebet störte. Spürte er nicht hier einen verärgerten Blick und sah dort ein missbilligendes Stirnrunzeln? So zügig wie möglich ging er zum Altar, entnahm dem Tabernakel eine Hostie und machte sich umgehend auf den Rückweg.

Er hatte es nicht weit bis zum Haus des sterbenden Mannes. Die Ehefrau ließ ihn ein und wies ihm den Weg zum Krankenlager. Der Pfarrer öffnete die Türe – und erschrak. Den Mann, der dort bei Kerzenschein im Bett lag, hatte er doch gerade noch in der Kirche gesehen! „Wart ihr nicht gerade noch in meiner Kirche?“, fragte er ihn verwundert. Der Sterbende bewegte die Lippen, aber der Pfarrer konnte die Antwort nicht hören.

In diesem Moment kam die Ehefrau hinzu. „Was habt ihr denn?“, fragte sie. „Ihr seid ja ganz bleich!“

„Es ist nichts“, erwiderte der Pfarrer, und trat an das Krankenbett. Nur mit großer Mühe schaffte er es, die üblichen Worte des Trostes und des Glaubens hervorzubringen und das Sakrament zu erteilen.

Auf dem Rückweg überprüfte der Pfarrer noch einmal die Kirche. Nun lag sie dunkel und verlassen vor ihm. Sicherheitshalber schloss er noch einmal die Kirchentür auf. Das ewige Licht leuchtete einsam in die Dunkelheit, von Betenden keine Spur.

Ich muss geträumt haben, dachte er und verschloss die Kirchentüre wieder.

Dann begann das Sterben. Der Pfarrer wurde im Laufe der folgenden Woche zum Bett eines weiteren Sterbenden gerufen.

Den Mann erkannte er ebenfalls als einen von jenen, die er in der Nacht in der Kirche gesehen hatte. Einige Tage später kam er nicht mehr rechtzeitig, die Frau war bereits tot als er eintraf. Als er den Leichnam traurig betrachtete, fiel ihm auf, dass auch sie unter den Betenden der letzten Nacht des vergangenen Jahres gewesen war. Und so ging es weiter und weiter. Innerhalb eines Jahres starben alle, die der Pfarrer damals in der Kirche gesehen hatte.

Die St. Mauritz-Kirche im gleichnamigen Münsteraner Stadtteil ist noch heute ein beeindruckender Bau. Von Geistererscheinungen ist allerdings nichts mehr bekannt.

In der letzten Nacht des Jahres ging der Pfarrer, einer Ahnung folgend, erneut um Mitternacht in die Kirche. Diesmal wunderte es ihn nicht, dass sie hell erleuchtet war, obwohl er sie erst aufschließen musste. Im Kirchenschiff sah er erneut viele betende Menschen. Er prägte sich ihre Namen und Gesichter so gut wie möglich ein. In den darauffolgenden Tagen und Wochen suchte er die Gesehenen auf und warnte sie vor ihrem baldigen Tod. Einige wollten nicht glauben, dass ihr Ende kurz bevorstand. Doch der Pfarrer wusste, wen er gesehen hatte – und er behielt Recht: alle von ihm Vorgewarnten starben im Laufe des Jahres. Unter den Gläubigen sprach sich schnell herum, dass der Pfarrer das zweite Gesicht besaß und dass seine Vorhersagen zum Tod zutrafen. Die Mitglieder seiner Gemeinde behandelten ihn daraufhin mit großer Ehrfurcht und hörten auf seine Ratschläge.

In einer dieser letzten Nächte im Jahr erblickte der Pfarrer einmal viele hundert Betende und erschrak sehr. Das waren nicht mehr nur Alte und Kranke; auch junge, kräftige Menschen und sogar Kinder! Sollten all diese Menschen im nächsten Jahr sterben? Er versuchte möglichst viele von ihnen schonend auf ihren baldigen Tod vorzubereiten. Auch diesmal behielt er mit seinen Warnungen Recht. In dem Jahr raffte eine Seuche unzählige Menschen dahin. Am Ende des Jahres wurde es ihm schmerzlich bewusst: Nicht ein einziger Mensch aus jener Nacht war verschont geblieben.

Einige Jahre später sah er sich selbst in der letzten Nacht des Jahres auf dem Altar stehen. Der Pfarrer wusste um die Bedeutung und wurde sehr traurig. In den folgenden Tagen bereitete er sich auf seinen eigenen Tod vor, gleichwohl er sich noch kräftig und gesund fühlte.

Aber der Tod kam nicht. Der Pfarrer sah im Frühjahr die Blumen sprießen, im Sommer wachsen und blühen und im Herbst schließlich vergehen. Sollte seine Gabe bei ihm selbst versagt haben? Der erste Schnee fiel, dann wurde es Weihnachten. Der Pfarrer fühlte sich ein wenig kränklich und legte sich früher schlafen als gewöhnlich. Ansonsten geschah nichts.

Schließlich näherte sich die letzte Nacht des Jahres. Mit der

Ahnung, dass er am Abend noch einmal alle Toten des kommenden Jahres sehen würde, schlief er ein – und wachte nie mehr auf.

Ich muss dir was sagen ... Weissagungen und Prophezeiungen

Dass sich in dieser Geschichte ausgerechnet ein Kirchenmann daran wagt, Menschen ihren baldigen Tod zu verkünden, und das mit Geistererscheinungen in der Kirche begründet, ist ungewöhnlich. Denn dabei treffen zwei eigentlich als gegensätzlich verstandene Phänomene aufeinander: Auf der einen Seite wird von einem Geisterseher, einem Spökenkieker erzählt. In einer der Raunächte soll er die zukünftigen Toten sehen. Auf der anderen Seite ist die Geschichte in der Welt der katholischen Kirche angesiedelt, einer Kirche, die genau diese Prophezeiungen als heidnischen Aberglauben ablehnt. Die Kirche lehrt, dass nur Gottes Wille die Menschen leben und sterben lässt, und dass nur er weiß, wann es an der Zeit ist, von einem Zustand in den anderen zu wechseln.

Streiten kann man darüber, ob nicht eine Vorhersehung in der Kirche ein Zeichen Gottes sein könnte. Offensichtlich hat man hier versucht, den alten Glauben an Spökenkieker im Münsterland mit der gesellschaftlichen Ordnung in Einklang zu bringen, indem man dem Wahrsager ein katholisches Mäntelchen übergezogen hat. Oder war es anders und hat vielleicht ein Pfarrer einfach mehr gewusst als andere?

Die Teufelsgrube

Fährt man von Rheine nach Hörstel, befand sich früher dort, wo heute der Kanal kreuzt, linkerhand ein kleiner Teich, der von dichtem Gehölz umgeben war. Die Einheimischen sollen den Kindern erzählt haben, auf dem Grund dieser sogenannten Teufelsgrube lauere ein Geheimnis, und der eine oder andere späte Heimkehrer will gegen Mitternacht dort ein weißlich-blaues Leuchten gesehen haben.

Der Grund für diese Geschichten lässt sich bis zurück bis in die Zeit des Dreißigjährigen Krieges verfolgen. Eigene und gegnerische Truppen hatten in einem Herbst abwechselnd die Gegend besetzt. Die Bauern besaßen oft nur noch ihr eigenes Leben; alle Tiere und Lebensmittel waren ihnen mit Waffengewalt genommen worden. Beim größten Bauern gab es aber noch sorgfältig verstecktes Fleisch, einige gut gehütete Rationen Branntwein und die letzten Liter selbstgebrauten Bieres. Ein schwedischer Leutnant und seine Truppe zwangen den Bauern eines Nachmittags, all das aufzutischen, was eigentlich als persönliche Notration gedacht war. Als die Truppe satt und betrunken war, schickte der Leutnant seine Männer in ihr Lager zurück. Doch er selbst verspürte noch keine Lust auf den weiten Heimweg. Stattdessen trank er die Vorräte bis auf den letzten Tropfen leer.

Schließlich bemerkte er, dass es dunkel geworden war. „Ich muss zurück in unser Lager", sagte er und erhob sich schwankend. Draußen schien ihm der Himmel wie eine riesige schwarze Wand. Dazu heulte der Wind über die verwüsteten Felder. Der Leutnant schwang sich auf sein Pferd und ritt in die Nacht hinaus. Der Wind zerrte an ihm, und es begann heftig zu regnen. Wie er so durch die einsame Gegend ritt, beschlich ihn ein mulmiges Gefühl. War da nicht ein Gesicht in der Dunkelheit? Sein Alleingang schien ihm nun gar nicht mehr so eine gute Idee.

War es möglich, dass die ausgepressten Bauern ihm in dieser undurchdringlichen Dunkelheit auflauerten, um ihm heimzuzahlen, was er ihnen angetan hatte? Niemand, so wurde ihm klar, würde ihn hier suchen. Und alleine hätte er auch als erfahrener Kämpfer keine Chance gegen eine wütende Gruppe … Was war das für ein merkwürdiges Geräusch hinter ihm? Er drehte sich um, konnte jedoch nichts Verdächtiges sehen. Hätte er doch nur nicht so viel Schnaps getrunken und wäre mit seinen Reitern bei Tag zurückgekehrt!

Die Angst kroch ihm eiskalt den Rücken hinauf.

Gefahren können auch in einem kleinen, aber tiefen Kolk lauern. Wer weiß schon, welche Geheimnisse das Wasser birgt?

Je weiter er ritt, umso schlechter wurde das Wetter. Es goss nun wie aus Kübeln, und Pferd und Reiter mussten sich dem Sturm regelrecht entgegenstemmen. Trotz seiner schützenden Lederkleidung war der Leutnant bald nass bis auf die Knochen. Da lichtete sich die Wolkendecke und der volle Mond sandte für einen Augenblick einen Lichtstrahl durch die Dunkelheit. Aus einem Impuls heraus drehte der Leutnant sich im Sattel um und meinte, weit oben am Himmel eine Bewegung zu erkennen. War das etwa der Leibhaftige auf seinem Höllenross? War der Teufel hinter ihm her, um seine Sünden zu bestrafen? Der Leutnant war sich sicher, einen Reiter auf einem schwarzen Pferd zu erkennen und ein höllisches Glühen in den Augen von Pferd und Reiter wahrzunehmen, bevor die Wolkendecke sich wieder schloss und die allumfassende Dunkelheit zurückkehrte.

Der Mann bekam den Schreck seines Lebens – und das will etwas heißen, denn das Leben dieses Kriegsknechtes war bereits voller Schrecken gewesen. Er duckte sich auf seinem Pferd, weil er meinte, ein riesenhafter Arm müsse von oben nach ihm greifen und ihn geradewegs mit in die Hölle nehmen. Als das nicht geschah, gab er dem Pferd die Sporen und jagte querfeldein über Äcker und Weiden, durch Wäldchen und Hecken. Er achtete nicht darauf, dass Äste und Dornen ihm das Gesicht zerkratzten und seine Kleidung zerrissen. Er konnte im Wind deutlich ein unheimliches Heulen hören. Da trieb er sein Pferd noch stärker an und scheute auch nicht die dichte Hecke, die direkt vor ihm lag. Das Pferd, nun ebenfalls in wilder Panik, galoppierte direkt auf die Hecke zu.

Da schlug dem Leutnant ein starker Ast ins Gesicht. Sein Pferd bockte, und der Leutnant konnte sich nicht mehr im Sattel halten. Er flog im hohen Bogen direkt über die Hecke und fiel in einen Kolk. Obwohl das Ufer nicht weit entfernt war, konnte er sich nicht aus dem eisigen Wasser retten, denn er konnte nicht schwimmen. Er strampelte und prustete und rief um Hilfe. Doch wer hätte ihn in dieser Unwetternacht hören können?

Bald lag das Wasser des kleinen Tümpels wieder so ruhig da als sei nichts geschehen. Einige Bauern erzählten später, sie hätten gegen Mitternacht kurz ein furchtbares Lachen gehört, ein Geräusch wie nicht von dieser Welt. Doch das hätte natürlich auch das Heulen des Sturms sein können.

Hauen und Stechen: Der Dreißigjährige Krieg

Von 1618 bis 1648 herrschten apokalyptische Zustände im Deutschen Reich. Die Kriegstaktik der Anfangsjahre sah die systematische Verheerung ganzer Landstriche vor, um die Zivilbevölkerung zu zermürben. Hunger und Seuchen waren die Folge. Wer davon zunächst verschont blieb, musste in den folgenden Jahren und Jahrzehnten Einquartierungen und Plünderungen dulden. Auch das Münsterland wurde während des dreißigjährigen Krieges immer wieder von marodierenden Truppen beider Lager heimgesucht. Spätestens nach dem Durchzug eines Heeres blieb nicht mehr genug für das eigene Überleben übrig. Es ist überliefert, dass es durchaus Bauern gab, die ihren Besatzern bei nächster Gelegenheit auflauerten, um sich blutig für das erlittene Unrecht zu rächen. Die Angst des Leutnants in dieser Geschichte ist also nicht unbegründet.

Historiker gehen davon aus, dass die Menschen die unvorstellbaren Gräuel jener Jahre nur deshalb einigermaßen überstehen konnten, weil sie fest an ein besseres Leben im Jenseits glaubten. Dass der Teufel alle bestrafen würde, die im Diesseits anderen Leid zugefügt hatten, gehört zu diesem Glauben dazu. Obwohl keine schriftlichen Zeugnisse von den Gewissensbissen jener Plünderer überliefert sind, werden sich die meisten von ihnen wie der Leutnant zumindest in einsamen Stunden vor dem Teufel gefürchtet haben.

In vielen Sagen und Legenden, nicht nur im Münsterland, lauert das Böse irgendwo im dunklen Wald.

Homo Homini Lupus

Einst lebte im Münsterland ein Bauer, der einen großen, prächtigen Bauernhof besaß. Er hatte nur noch eine Tochter, alle anderen Kinder und seine Frau waren gestorben. Darum war die Tochter sehr begehrt, denn für alle zweit- oder drittgeborenen Söhne der Umgebung war klar: Wer diese Frau heiratet, der erhält mit der Hochzeit den gesamten Hof und muss nicht sein Leben lang als Knecht arbeiten, wie es sonst üblich ist bei allen, die selbst keinen Hof erben.

Von allen jungen Männern in der Umgebung interessierten sich zwei besonders für das ledige Mädchen. Beide machten der Bauerstochter und dem Bauern unmissverständlich klar, dass sie nicht nur fähig und willens waren, gute Schwiegersöhne und Ehemänner zu sein, sondern es ebenso verstanden, einen Hof zu führen. Da beide anscheinend fleißig und ehrlich waren, wusste die Umworbene lange nicht, zu wem sie ja sagen sollte.

Beide buhlten fortwährend um die Gunst der Tochter, besuchten sie und ihren Vater. Schließlich sah es so aus, als hätte sich die junge Frau für einen von beiden Verehren entschieden. Dieser junge Mann wollte eines abends den Hof besuchen und einen guten Abend wünschen. In froher Stimmung nahm er die Abkürzung durch einen Busch und ging pfeifend durch die Dunkelheit.

Plötzlich hörte er ein furchtbares Knurren hinter sich. Er drehte sich um – aus den Augenwinkeln sah er einen riesigen Wolf, der auf ihn zusprang. Der junge Mann hatte einen Feuerstein in der Tasche, und weil er sich in der Not nicht anders zu helfen wusste, nahm er ihn und warf ihn auf die Kreatur. Er traf sie mit voller Wucht auf die Stirn; der Wolf hielt überrascht inne. Vor den Augen des staunenden jungen Mannes verwandelte er sich in einen Menschen. Der Bursche traute seinen Augen kaum, denn er kannte den Kerl: Es war der andere Freier!

Eine Weile standen sich die beiden Konkurrenten schweigend gegenüber. Dann sagte der Angreifer: „Wenn du irgendjemandem von diesem Vorfall erzählst, dann geht es dir an den Kragen!“ Der junge Mann schwor, Stillschweigen zu bewahren. Er hätte vermutlich alles geschworen. Ihm war schlecht und er zitterte wie Espenlaub. Als sich die beiden schließlich trennten, ging er nicht mehr wie geplant zum Hof hinüber. Er war froh, es überhaupt noch nach Hause in seine Kammer zu schaffen, wo er sich gleich ins Bett legte.

„Aber Junge, was hast du denn?“, wollte seine Mutter wissen. Doch der Junge schwieg.

Am nächsten Tag bekam er Fieber und Schüttelfrost.

„Was ist dir denn geschehen, junger Mann?“, wollte der herbeigerufene Arzt wissen. Doch der Junge schwieg.

Später kam der Vater ans Krankenbett und fragte den Jungen, was passiert sei.

„Ich darf mit niemandem darüber reden, sonst passiert etwas Schlimmes“, erwiderte der Junge. Mehr war aus ihm nicht herauszubekommen.

„Wenn du keiner Menschenseele sagen willst, was dich so belastet, dann rede doch wenigstens mit der Scheune“, riet ihm sein Vater schließlich. „Es wird dir guttun, es laut auszusprechen.“ Tatsächlich ging der Junge, der sich nur noch schwer auf den Beinen halten konnte, bei nächster Gelegenheit in die Scheune. Dort erzählte er den Holzwänden und dem Heu, wen er im Busch getroffen hatte. Sein Vater und seine Mutter hatten sich im Heu versteckt und hörten jedes Wort.

Es dauerte noch drei Tage, dann war der junge Mann tot. Heute würde man vermutlich einen Schlaganfall diagnostizieren. Damals sagten die Menschen, er sei vor Angst gestorben.

Nun war der Weg frei für den anderen Jungen. Er heiratete die Bauerstochter und übernahm den großen Hof. Von einem Werwolf aber hat man in der Gegend nichts mehr gehört.

Heul hier nicht so rum! Werwölfe

Wölfe gelten seit jeher als schlaue, kräftige und tödliche Feinde des Menschen. Die Vorstellung von Menschen, die sich in Wölfe verwandeln können, ist daher sehr alt und sie findet sich überall in Europa sowie darüber hinaus. Unter anderem berichtet das Gilgamesch-Epos, das etwa 2.000 Jahre vor unserer Zeitrechnung entstand, von einem Werwolf. Im Zuge der Christianisierung hieß es später, wer einen Pakt mit dem Teufel schlösse, erhalte mitunter spezielle Hilfsmittel wie Wolfsfell-Gürtel oder Zaubersalben, mit denen er sich bei Vollmond in das Tier verwandeln könne.

Heute geht man davon aus, dass Krankheiten wie Psychosen oder Tollwut dafür gesorgt haben, dass Menschen sich wolfsähnlich benahmen, was von Zeitgenossen als Verwandlung gedeutet wurde.

Die Vorsilbe Wer- stammt aus dem Lateinischen und kommt von vir, dem Wort für Mann. Überlieferungen berichten fast ausschließlich von verwandelten Männern. Es gibt viele weitere Wertiere. Dazu gehören Werkatzen, Werbären oder Werkrokodile.

Das kranke Pferd

Auf fast jedem größeren Hof im Münsterland gab es früher jemanden, der an Hexen glaubte, und ebenso jemanden, der das nicht tat. So auch auf einem Hof in Emsdetten: Der Bauer spuckte nur verächtlich ins Feuer, wenn mal wieder die Rede von zauberkundigen alten Frauen war und murmelte: „Dummes Zeug! Reine Kinderei!“

Der Altknecht jedoch meinte, diese mächtigen Frauen würden sich solchen Unglauben nicht gefallen lassen. Der Bauer würde schon noch merken, mit wem er es zu tun bekommen könnte.

Und der Altknecht, so schien es, sollte Recht behalten.

Bald darauf stand eine alte Frau vor der Tür und bat um milde Gaben. Die Bauersfrau hätte der Fremden gerne ein wenig Essen und Milch gegeben, doch ihr Mann wollte das nicht und schickte die Alte weg. Die Frau ging nur widerwillig und verließ sie den Hof nicht auf direktem Wege, sondern schaute bei den Ställen vorbei.

Der Altknecht murmelte: „Da siehst du‘s, nun hat sie das Vieh verhext.“

Der Bauer schüttelte nur den Kopf.

Doch seine Frau sagte: „Geh doch wenigstens in den Stall und schau nach, ob mit den Tieren alles in Ordnung ist.“ Da der Bauer das sowieso mehrmals am Tag tat, gab er dem Drängen seiner Frau schließlich nach.

Er besaß mehrere wertvolle Tiere, doch es gab ein Pferd, das ihm ganz besonders lieb und teuer war. Und genau dieses Tier stand nicht mehr in seinem Verschlag! Als der Bauer näher kam, sah er es auf dem Boden liegen und sich mit gebleckten Zähnen hin- und herwälzen. „Das Pferd stirbt!“, rief er. „Was tun wir denn jetzt?“

Die eilig herbeigeeilten Stallburschen und die Bauersfrau wussten keinen Rat.

Was geschehen für merkwürdige Dinge hinter der Stalltür?

Aber der Altknecht sagte: „Wir müssen die Hexe um Verzeihung bitten!“, und er lief schnell hinter der alten Frau her, um sie zur Umkehr zu bewegen. „Du bekommst zu Essen und zu Trinken“, sagte er zu ihr, „aber du musst das Pferd wieder gesund machen.“ Die Alte erwiderte nichts, doch sie kehrte um und ging in den Stall.

„Was hast du mit meinem Pferd gemacht?“, rief der Bauer ihr zu.

Die Frau schwieg noch immer. Als sie das Tier auf dem Boden liegen sah, beugte sie sich zu ihm hinunter und streichelte es. Dabei, so beschrieben es die Umstehenden später, murmelte sie so etwas wie: „Oh du teures, liebes Tier! Wer könnte dir denn wohl etwas zu leide tun?“

Und das Pferd, sehr zum Erstaunen der Anwesenden, hörte nicht nur auf, die Augen zu verdrehen und sich im Stroh zu wälzen. Nach einiger Zeit stand es sogar wieder auf und knabberte an seinem Stroh, als wäre nichts gewesen.

Zu Lebzeiten des Bauern kamen noch einige alte Frauen auf den Hof und baten um milde Gaben. Doch es vertrieb sie niemand mehr. Ganz im Gegenteil: Ihre Wünsche wurden stets freundlich erfüllt, aber sie wurden immer aufgefordert, gleich weiterzuziehen. Und wenn sie fortgingen, liefen die vorlautesten Kinder bis auf die Straße hinter ihnen her und riefen: „Hexe! Hexe!“

Manch eine alte Frau drehte sich noch mal um und schaute die Kinder böse an oder hob ihren Gehstock. Wie von Zauberhand waren dann alle Jungen und Mädchen hinter Bäumen und Büschen verschwunden.

Hex, hex!

Der Glaube an Hexen, also zauberkundige und im Regelfall böse Frauen, hat in ganz Europa Tradition. Er ist nicht nur in Märchen, sondern auch in Sagen und Legenden überliefert. Hexen sagt man nach, sie könnten Tiere und Menschen verfluchen, ihnen also mit Worten schaden. Daran glaubten bereits die alten Griechen und Römer. Von Karl dem Großen ist überliefert, dass er die Todesstrafe gegen jene verhängte, die an Hexen und ihre Macht glaubten. In den Merseburger Zaubersprüchen, einer Quelle aus der gleichen Zeit, ist hingegen davon die Rede, ein verletztes Pferd mit Worten heilen zu können.

„Beschrei' es nicht", sagen wir manchmal noch heute. Dem liegt der Glaube zugrunde, dass Wünsche und Flüche Wirklichkeit werden, wenn wir sie aussprechen. Die Macht des Wortes zeigt sich auch in der jüdischen Sage des Golem, der durch ein einziges Wort lebendig werden kann, oder im Märchen, wenn Rumpelstilzchen durch das Aussprechen seines Namens seine Macht verliert.

Der Hausgeist

In der Nähe von Ottmarsbocholt stand bis ins 20. Jahrhundert hinein ein altes Fachwerkhaus auf einem Hof. Die Dielen und Balken, Bretter und Böden waren wie üblich gänzlich aus Holz, geschlagen aus Wäldern der Umgebung.

Als es einmal ans Ausbessern ging, da machte der Besitzer des Hauses, ein fleißiger und unerschrockener Bauer, sich auf, passendes Holz zu besorgen. Und weil er nicht weit fahren wollte, sollte das Holz aus seiner Nachbarschaft kommen – aus dem waldreichen Gebiet der Davert.

„Aber nicht doch aus der Davert!“, riet ihm ein Nachbar. „Nimm ruhig jedes Holz aus jedem Busch, aber hüte dich vor dem aus der Davert, das ist verhext!“

Ein anderer meinte: „In die Davert sind seit Urzeiten zahllose Geister und Tunichtgute verbannt worden. Nimmst du ihr Holz, so bringst du ihren Wohnsitz in dein Haus!“

Doch der Bauer lachte nur. „Die Ammenmärchen könnt ihr euren Kindern erzählen!“, sagte er. „Holz ist Holz!“ Am nächsten Tag fuhr er in die Davert und schlug so viel Holz wie er brauchte. Er zersägte und hobelte es und erneuerte schließlich damit seine Dachbalken.

„Seht ihr?“, sagte er anschließend zu seinen Nachbarn. „Es ist einfach gutes und solides Holz, was die Davert hergibt.“

Die Nachbarn schwiegen.

Eine Weile passierte nichts, und die Familie des Bauern lebte glücklich und zufrieden in ihrem Haus. Doch dann begannen seine Tiere zu sterben. Immer, wenn die Bauersfrau sie morgens im Stall füttern wollte, lag ein Tier tot am Boden – mal ein Kalb, mal ein Huhn, einmal sogar ein Pferd.

„Das geht doch nicht mit rechten Dingen zu“, sagte sie sich. Ihr Mann tat alles, um die Tiere gesund zu halten. Er verschaffte ihnen anderes Futter, neue Plätze im Stall, mehr Auslauf – aber es half nichts: Jeden Morgen war wieder eines der Tiere gestorben. Sogar den jungen Hofhund hatte es bereits erwischt.

Dann begann um Mitternacht in der Stube unheimlicher Lärm. Die gesamte Familie wurde in zahllosen Nächten davon wach. Morgens fand sie dann die Töpfe und Pfannen auf dem Küchenboden. Mal waren in der Stube die Bilder von den Wänden gerissen worden, mal die Tische und Stühle umgestoßen.

„Wer auch immer sich solche Streiche ausdenkt, den will ich mir schnappen", dachte der Bauer und legte sich schließlich eines Abends auf die Lauer. Es war ein stürmischer Abend, und der Regen prasselte wie wild gegen die Fenster. Als die Kirchturmuhr Mitternacht schlug, hörte er die Hühner im Stall ängstlich gackern. Er trat zur Vordertür hinaus, um zu sehen, was seine Tiere in solche Aufregung versetzte. Da blendete ein grellweißer Blitz seine Augen und er bekam er aus dem Nichts eine so fürchterliche Ohrfeige verpasst, dass es ihn einen Meter weit wegschleuderte.

Später würde er sagen, das merkwürdigste daran sei gewesen, dass weit und breit nichts auf ein Gewitter hingedeutet hätte. Der Bauer war so geblendet, dass er wie blind im Regen umherirrte und den Eingang zu seinem Haus nicht mehr fand. Erst im Morgengrauen kam seine Sicht allmählich zurück – und er fand sich weit ab von seinem Haus mitten in der Davert wieder.

Da wurde es selbst dem unerschrockenen Bauern langsam zu viel. Er fragte seine Nachbarn um Rat, und die schickten ihn zum ältesten und weisesten Mann des Dorfes. Dem schilderte er die Vorkommnisse.

Der alte Mann sprach: „Es ist, wie deine Nachbarn sagen: Hättest du nur kein Holz aus der Davert geschlagen! Vermutlich wohnte ein Geist in dem Baum, den du gefällt hast. Indem du das Holz in deinem Haus verbaut hast, hast du dir den Geist ins Haus geholt. Der ist nun dort gefangen und wütend, weil er nicht wieder hinauskann. Vielleicht sieht er dein Haus als sein Zuhause an und möchte dich und deine Familie vertreiben, damit er es ganz für sich alleine hat."

„Was soll ich denn jetzt tun?", fragte der Bauer.

„Manches Mal haben in solchen Fällen Aussegnungen durch einen Priester geholfen", sagte der alte Mann. „Dafür muss aber der Teufel in die Sache verwickelt sein."

„Und wenn es nicht der Teufel ist?", fragte der Bauer.

„Dann kann ich dir auch nichts raten", erwiderte der alte Mann.

In den nächsten Wochen und Monaten versuchte der Bauer durch alle möglichen Tricks und Kniffe, den Geist wieder loszuwerden: Er beauftragte eine alte Frau damit – eine Hexe, wie manche im Dorf munkelten – für Frieden auf seinem Hof zu sorgen. Sie machte sich daran, das Haus mit Kräutern auszuräuchern, Knoblauch an die Türschwellen zu hängen und die Bauersleute mit merkwürdig riechender Tinktur zu salben. Doch der Geist wütete weiter.

Der Bauer stellte eine Mistforke falsch herum auf, damit der Geist sich darin finge, und platzierte seine Holzschuhe falsch herum vor das Bett, um das Gespenst zu verwirren. Doch der Spuk ging weiter.

Schließlich ließ er sogar einen Priester aus Münster holen, der das Haus mit Weihrauch und seinem Kreuz segnete, aber auch das war vergeblich. Ja, man konnte fast meinen, das Wüten in der darauffolgenden Nacht sei so schlimm gewesen wie nie zuvor.

Irgendwann, nach vielen leidvollen Jahren, sagte seine Frau zu ihm: „Es hilft alles nichts, wir müssen fortziehen", und das sah der Bauer schließlich ein.

Die alten und verhärmten Bauersleute nahmen die wenige Habe, die ihnen noch geblieben war, und zogen fort. Niemand hat jemals wieder etwas von ihnen gehört.

Das Haus blieb viele Jahre unbewohnt. Mit der Zeit rankten sich viele Legenden und Sagen darum. Erst in heutiger Zeit, mit dem Bauboom der letzten Jahre, soll es ein Zugezogener wieder in Stand gesetzt haben und darin wohnen. Der Geist, so heißt es, sei nach den vielen Jahren selbst längst alt und träge geworden und täte den Bewohnern nichts mehr zu leide. Nur ab und an fänden sie morgens eine Tasse zerbrochen auf dem Boden oder einen einzelnen Stuhl umgestoßen – und das könnte ja ihr Hund gewesen sein, nicht wahr?

Nicht erklären kann man sich allerdings das Gefühl, das einen manchmal überkommt, wenn man nachts auf der Schwelle des Hauses steht. Da ist einem zu Mute, als hätte man gerade eine schwache Ohrfeige bekommen. Und kann man es nicht irgendwo im Gebälk ganz leise kichern hören?

Ungebetene Mitbewohner: Pumuckel, Heinzelmännchen und Co

Kleinere Dämonen oder Elementarwesen ziehen sich bisweilen an einen bestimmten Ort zurück. Wir nennen sie Kobolde, ein Name, der vermutlich aus Koben (Stall, Verschlag, Häuschen) und hold (gewogen, positiv gestimmt) entstanden ist. Kobolde waren demnach ursprünglich Schutzgeister der Wohnung. Sie halfen im Haushalt und vertrieben ungebetene Gäste. Ähnlich wie der Pumuckel und die Heinzelmännchen sind sie aber auch dafür bekannt, Streiche zu spielen und den Bewohnern auf die Nerven zu gehen. Untote Kobolde werden zu Poltergeistern. Die Sage kennt sehr unheimliche und eigenmächtige Geister wie den Butzemann oder den Sandmann. Kein Wunder, dass die Menschen früher ihren Hausgeistern kleine Geschenke machten, um sie sich gewogen zu halten.

In so manchen alten Häusern ist weit mehr verbaut als nur lebloses Holz.

I HVLPEN
NE FROENDE 21.SEPT.1963

Die weiße Frau

Das Wasserschloss in Rhede ist noch heute eines der schönsten Wasserschlösser im Münsterland. Doch noch schöner als das Bauwerk soll eine seiner Bewohnerinnen gewesen sein, eine junge Adelstochter. Die Dame faszinierte Männer von nah und fern, aber als sie sich vor Heiratswilligen kaum noch retten konnte, wurde sie eitel und egoistisch. Sie begann, mit den Gefühlen der Männer zu spielen und sie für ihre Zwecke einzuspannen. Da sie sich über die Komplimente und Geschenke der Verehrer freute, machte sie ihnen zunächst Hoffnung, bevor sie ihnen schließlich eine Abfuhr erteilte. Denn die junge Frau war inzwischen so eitel, dass ihr keiner der Bewerber gut genug schien – an allen hatte sie letztendlich etwas auszusetzen.

In einem Herbst lernte sie auf einem Ball zwei Brüder kennen, die sich beide unsterblich in sie verliebten. Wie es ihre Art war, erzählte die Adelstochter den beiden jeweils, dass sie ihm zugetan sei – und der eine Bruder hatte keine Ahnung, dass der andere sich ebenfalls Hoffnungen auf die Hand der Schönen machte.

Das alte Jahr neigte sich dem Ende, und an Silvester wurde im Rheder Schloss ein großes Fest gefeiert, an dem auch die beiden Brüder teilnahmen. Als einer der beiden einen kurzen Moment mit der Schönen für sich allein hatte, raunte sie ihm zu: „Derjenige, der es im neuen Jahr als erstes schafft, die Glocke im Schlossturm zu läuten, der wird mein Gemahl werden!"

Bald darauf erzählte sie dem anderen Bruder das gleiche. Entgegen ihrer sonstigen Gewohnheiten mochte sie die beiden Männer wirklich gerne. Einen der Brüder wollte sie tatsächlich heiraten.

Als es auf Mitternacht zuging, verschwand zuerst der eine, dann der andere Bruder in Richtung Turm. „Ha, die werden sich wundern“, dachte das Edelfräulein bei sich. „das wird ein Spaß!“ Sie lehnte sich in ihrem Stuhl zurück und wartete gespannt auf das Signal aus dem Turm.

Auf den engen Treppenstufen wunderten sich die beiden Männer über die unerwartete Konkurrenz aus der eigenen Familie. Sie waren sehr erbost darüber, dass die Dame ihres Herzens ihnen beiden die Entscheidung überlassen hatte. Schon versuchte der eine den anderen mit Macht zur Seite zu drängen, um nur ja als erstes am Seil ziehen zu können. Doch der anderen hieb und schlug so feste um sich, dass die beiden im Handumdrehen in eine Schlägerei verwickelt waren. Ihr Ehrgeiz verwandelte sich in Wut, und aus der Wut wurde Hass. Da die beiden Brüder ungefähr gleich stark waren, rangen sie eine Weile auf den Stufen miteinander, verletzten sich aber gegenseitig kaum. Wie sollte es so zu einer Entscheidung kommen? Mit einem Mal zog der eine seinen Dolch aus dem Gewand und stach auf den anderen ein – wieder und wieder ...

Das Blut floss in so großen Strömen, dass es die Treppe des Turms hinunterlief und bis hinein in den Festsaal gelangte. Die Gäste bemerkten zuerst nichts, doch dann rutschte ein Tänzer auf der glitschigen roten Pfütze aus. Die Musik hörte auf zu spielen, das Lachen und Reden verstummte.

Jemand rief: „Es kommt aus dem Turm, es kommt aus dem Turm!“

Dem Edelfräulein aber, dem mit einem Mal schwante, was geschehen war, wurde ganz bang ums Herz. „Das hab‘ ich nicht gewollt“, sagte sie immer wieder, „das hab‘ ich nicht gewollt!“

Als mutige Gäste der blutigen Spur folgten, fanden sie den einen jungen Mann auf der Treppe knien, wo er den Leichnam seines Bruders umarmte. „Verzeih mir“, murmelte er. Er gab unumwunden zu, den Bruder in blinder Raserei getötet zu haben. Vom Ansporn durch die junge Adelige verriet er in seiner Liebe zu ihr jedoch kein Wort.

Das Wasserschloss in Rhede soll einst Schauplatz eines Blutbads gewesen se
Noch heute umweht die unzugängliche Anlage den Hauch des Mysteriums.

Noch in der gleichen Nacht wurde der Mörder abgeführt und in den Kerker gesteckt. Wenige Tage später wurde er vor ein Gericht gestellt, das ihn zum Tode verurteilte. Das Urteil wurde sogleich vollstreckt.

Die junge Adelstochter war seit jener Silvesternacht traurig und lethargisch. Sie kam kaum noch aus ihrem Zimmer, aß und trank nur das Nötigste und sprach mit fast niemandem mehr. Ihre Gesichtszüge verhärmten immer mehr. Bald war die einstige fröhliche Schönheit nur noch ein Schatten ihrer selbst. „Ich habe zwei Menschen ermordet", soll sie ein ums andere Mal vor sich hingemurmelt haben. An manchen Tagen hörte man nichts als Wimmern und Wehklagen aus ihren Räumlichkeiten. Bald sprach sie gar nicht mehr. Noch vor dem Osterfest fand man sie morgens tot in ihrem Bett.

Ihr schlechtes Gewissen ließ ihr auch nach dem Tod keine Ruhe: Es heißt, in der Silvesternacht soll man sie noch heute im Schlossturm sehen können, wo sie in einem weißen Jungfrauengewand die Treppenstufen wischt und dabei „Das hab' ich nicht gewollt!" ruft.

Geistererscheinungen im Münsterland

Wer alle Geister- und Gespenstergeschichten des Münsterlandes aufzählen möchte, der ist lange beschäftigt. Geister zählen nicht nur im Münsterland, sondern weltweit zu den bekanntesten übernatürlichen Phänomenen. Sie besitzen keine Gestalt aus Fleisch und Blut, sondern einen feinstofflichen Körper, durch den Sterbliche hindurchgreifen können – wenn sie sich trauen. Geister erscheinen häufig in der Gestalt von toten Menschen, aber vereinzelt sind auch Phänomene von Lebenden bekannt, die als geisterhafte Erscheinungen vor einem drohenden Unheil warnen. Zumeist sind Geister an einen bestimmten Ort gebunden, an dem sie selbst Jahrhunderte nach ihrem Ableben noch erscheinen können. Gegen Geister helfen angeblich die typischen Insignien der christlichen Religion wie Weihwasser, Gebete und Kreuze. Weil Geister die Dunkelheit lieben und zumeist bei Nacht erscheinen, sollen Licht und offenes Feuer sie ebenfalls vertreiben.

Die sogenannte Weiße Frau ist ein Gespenst, das in Europa vor allem in Adelshäusern umgehen soll. Sie trägt ein schweres Schicksal und weiße Kleidung. Im Allgemeinen gilt sie, sofern man sie nicht ärgert, als ungefährlich.

Neben spukenden Menschen gibt es im Münsterland übrigens auch viele Tiere, die nach dem Tod als Geister umgehen. Am häufigsten kommen Hunde vor, vor allem schwarze. Die werden oft umso größer, je näher man ihnen kommt. Wer ihnen zu nahe tritt, ist oft selbst des Todes. Auch die Geister schwarzer Katzen sollen schon gesehen worden sein, und vereinzelt wird von spukenden Kälbern, Kühen und Pferden, ja sogar von Geisterschafen berichtet.

Der versteckte Zuschauer

Es gab in Laer vor vielen Jahren einen Bäcker, der hatte nur einen einzigen Sohn. Dieser Junge war ein echter Tunichtgut. In der Schule zeigte er weder Ehrgeiz noch Respekt, und über seine Eltern machte er sich lustig. Die Kinder in der Nachbarschaft hatten Angst vor seinen Streichen. Und da die Menschen zwar mit ihm schimpften, er aufgrund seines Alters aber sonst keine Strafe fürchten musste, benahm er sich immer dreister.

Eines Tages hörte dieser Junge die Sage von den vielen ruhelosen Seelen, die sich bei Vollmond rund um den Kirchplatz versammelten. Die Geister, so sagten die Leute, seien ein so schrecklicher Anblick, dass sich noch niemand von einer Begegnung mit ihnen erholt habe. Und ob man daran glaubte oder nicht – der Platz an der Kirche in Laer war zu jeder Vollmondnacht wie ausgestorben. Doch den Bäckersohn erschreckten diese Geschichten nicht. Er dachte daran, wie er damit angeben könnte, wenn er eine Nacht dort abwarten und ihm überhaupt nichts geschehen würde.

Gedacht, getan: Beim nächsten Vollmond schlich er sich aus dem Haus. Seine Eltern schliefen und bemerkten es nicht.

Noch vor Mitternacht erreichte er den Kirchplatz und versteckte sich im Innern einer alten, ausgehöhlten Linde. Das hatte er als kleines Kind beim Spielen bereits häufig getan. Mittlerweile war er so groß, dass er sich nur mit Mühe und Not noch in die natürliche Höhle hineinzwängen konnte. Aber wenn – wenn – es wirklich Geister geben sollte, dachte er, war es wichtig, dass die ihn nicht sahen, denn dann würden sie ihn auch nicht erschrecken können.

Der Junge hockte eine ganze Weile in der alten Linde, aber es passierte einfach gar nichts. Niemand ging vorüber, nicht mal eine Maus flitzte herum. Da hörte er die Kirchturmuhr zwölf Mal schlagen. Plötzlich ertönte rechts von ihm ein schauriges Jaulen und Miauen. Es klang, als würden alle Katzen des Dorfes gleichzeitig vor Qual aufschreien. Als wäre das noch nicht genug, ertönte dazu ein schrilles Kreischen wie von abertausenden Hühnern, denen der Hals umgedreht wurde. Dann kam auch noch ein herzzerreißendes menschliches Stöhnen hinzu.

Dem Jungen in seinem Versteck wurde es nun doch mulmig zu mute. Er verstand nicht, was da vor sich ging. Konnten das die anderen Kinder sein, die ihm einen Streich spielten? Aber wie hätten die solche Geräusche erzeugen sollen?

Wenn es aber nicht die Kinder waren, dann konnten die Geräusche nur von einer Ursache herrühren ... Bei der Erkenntnis lief es dem mutigsten und dreistesten Jungen des Dorfes kalt den Rücken hinunter. Er schwor sich, niemandem von seinem nächtlichen Ausflug zu erzählen.

Und dann sah er die Geister. Gerade war der Kirchplatz noch leer gewesen, jetzt war er plötzlich voller Gestalten. Es waren so viele, dass dem Jungen ganz schwindelig wurde. Ihre durchscheinenden Gestalten tauchten buchstäblich aus dem Nichts auf und erschienen meist paarweise, langsam schlurfend.

Es gab Untote, denen die Kleidung nur noch in Fetzen am Leib hing, genau wie ihr halb verwesendes Fleisch. Der Junge erblickte aber auch Fabelwesen, von denen er gedacht hatte, sie kämen nur in Schauergeschichten und Märchen vor. Er sah rotglühende Augen, Mensch-Tier-Hybriden und Zwerge. Manche von ihnen trugen weiße Nachtgewänder, so als wären sie gerade aus ihrem Bett aufgestanden, andere waren vollständig mit Hose, Jacke und Hut bekleidet. Andere trugen Kleidung, die der Junge nur von alten Bildern kannte.

Viele dieser unheimlichen Gestalten gingen dicht an seinem Versteck vorüber, doch sie achteten nicht auf ihn. Aber jedes Mal, wenn ein Geist ihn passierte, war dem Jungen, als streife ihn ein eisiger Hauch. Jeglicher Gedanke an Prahlerei war ihm endgültig vergangen. Das Ganze wäre also vermutlich nie bekannt geworden, hätte der Junge es anschließend bis nach Hause geschafft. Doch er schaffte es nicht.

Im Morgengrauen fand der erste Händler, der gerade seinen Marktstand aufbauen wollte, ihn bleich und bewusstlos halb in der Linde, halb davor. Hatte er noch versucht zu fliehen? War er einfach zu kräftig gewesen, um schnell durch die Baumöffnung zu schlüpfen – oder war der Baum, wie man später munkelte, in jener Nacht tatsächlich geschrumpft?

Der entkräftete Sohn wurde zurück zu seinen Eltern gebracht. Die konnten sich die Sache nicht erklären. Zuerst vermuteten sie, er habe sich beim Spielen nicht mehr befreien können, aber dann wurde ihr Sohn krank. Er bekam hohes Fieber und erzählte wie im Rausch wieder und wieder von den gruseligen Gestalten, die er gesehen hatte. Doch wer glaubt schon einem Kind, das im Fieber phantasiert? Erst nach Wochen besserte sich sein körperlicher Zustand.

Geistig wurde er hingegen nie wieder ganz gesund. Denn auch als er wieder dazu in der Lage gewesen wäre, weigerte er sich standhaft, nach draußen zu gehen. Es heißt, er hätte aus Angst bis zu seinem Tod nicht ein einziges Mal das Haus verlassen. So wurde der einstige Spötter schließlich selbst zum Gespött des gesamten Dorfes.

Aber wer ihn besuchte, wurde freundlich empfangen und gut bewirtet. Wenn Kinder ihn fragten, vor wem oder was er denn so große Angst habe, warnte er die Jungen und Mädchen eindringlich davor, an Vollmondnächten auf den Kirchplatz zu gehen, und dann erzählte er ihnen seine Geschichte. Seither, so ist es überliefert, hat es kein Kind mehr gewagt, sich in Vollmondnächten um Mitternacht auf dem Laerer Kirchplatz aufzuhalten.

Gefährliche Begegnung: Zur Geisterstunde an Geisterorten

Die klassische Geisterstunde, die Zeit zwischen Mitternacht und ein Uhr, hängt mit dem Glauben zusammen, dass übernatürliches oder göttliches Wirken nur nachts stattfinden kann. Die Stunde nach dem Datumswechsel scheint dabei am potentesten zu sein, was sie für Beschwörungsrituale oder das Brauen von Zaubertränken qualifiziert. Viele Geister können zwar auch außerhalb dieser Stunde umhergehen, sie müssen aber immer spätestens mit dem ersten Hahnenschrei verschwinden.

Dass Geister bestimmte Versammlungsplätze haben, ist ebenfalls ein beliebtes Motiv in Märchen und Sagen. Wer sie dort belauscht, ohne selbst entdeckt zu werden, kann Wissen erwerben, dass einem zu lebenslangem Glück verhilft. Wie immer im Umgang mit dem Übernatürlichen ist aber Vorsicht geboten: Übermütige oder unvorsichtige Lauscher werden von den Geistern gequält oder getötet.

Auf dem Platz vor der alten Kirche in Laer sollen sich in Vollmondnächten die Geister versammeln.

Das verlassene Haus

Die Fahrt von Münster nach Bevergern, einem Stadtteil von Hörstel, dauert heute mit dem Auto über die Landstraße rund eine Dreiviertelstunde. Doch es ist noch gar nicht so lange her, da brauchte man für die Strecke etwa einen Tag, denn statt Asphaltstraßen gab es im besten Fall geschotterte Wege, und statt Autos, Bussen oder Zügen waren Kutschen die schnellsten Transportmittel, die sich auftreiben ließen.

Zu dieser Zeit wurden in Bevergen dringend zwei zusätzliche Schwestern zur Krankenpflege gebraucht. Ein Bote brachte die Nachricht nach Münster, wo früher – wie auch heute noch – viele geistliche Orden residierten. Zu dieser Zeit waren Frauen, die in der Krankenpflege arbeiteten, oft Ordensschwestern. Darum wundert es nicht, dass sich die Menschen aus Bevergern dort Unterstützung erhofften.

Dem Gesuch kam man in Münster gerne nach, aber es war nicht üblich, dass höhergestellte Frauen alleine reisten. Darum wurde ein tatkräftiger Mann namens Johann Bernhard Overberg dazu verpflichtet, zwei ältere Ordensschwestern auf ihrer Reise nach Bevergern zu begleiten.

Er mietete eine Kutsche und holte die beiden Schwestern ab. Der Mann hatte für die Strecke rund zehn Stunden Fahrtzeit kalkuliert, und sie brachen frühmorgens auf. Erst war die Stimmung fröhlich und gelöst, aber mit jeder Stunde, die verstrich, sehnten sich die Reisenden mehr und mehr danach, endlich anzukommen. Es war Frühjahr und die Abende schon recht lang. Doch irgendwann brach die Dämmerung herein, und der letzte Ort, den die Kutsche passiert hatte, Saerbeck, lag schon eine Weile zurück.

Wer sich heute auf den Weg begibt, der findet zwischen Saerbeck und Bevergern kleinere Straßen und Wege, Büsche, Bäume und ab und an ein Bauernhaus. Man kann sich gut vorstellen, dass in vorindustrieller Zeit dort noch mehr Büsche und Bäume wuchsen, aber weniger Menschen lebten. Es war, kurzum, eine wilde Heidelandschaft. Overberg fragte den Kutscher in der Dämmerung, warum sie denn noch nicht am Zielort angekommen seien und bekam kaum mehr als ein Schulterzucken zur Antwort.

„Ich hab‘ mich wohl verfahren“, brummte er.

Der Weg vor ihnen lag bereits in tiefer Dunkelheit und alle sahen, dass es bald ganz und gar unmöglich sein würde, überhaupt noch einen Weg zu finden.

„Dann müssen wir uns wohl ein Gasthaus suchen“, sagte Overberg.

Der Kutscher deutete in die Umgebung, in der nur graue Schatten zu erkennen waren, und fragte: „Und wo soll eines sein?“

„Fahr nur weiter“, sagte der Mann aus Münster, „es wird schon eins kommen.“ Doch so sicher war er sich dessen nicht.

Bald darauf sah er jedoch glücklicherweise ganz deutlich ein Licht in der Dunkelheit. „Fahr dort hin“, wies er den Kutscher an. Offensichtlich war das kein Gasthaus, aber bei Bauern gab es immer reichlich Platz. Sie würden ihn und vor allem die beiden geistlichen Damen wohl kaum wieder in die Heide zurückschicken.

Die Kutsche gelangte an ein kleines Haus, in dem flackerndes Licht durch die Fenster nach draußen drang. Overberg stieg aus der Kutsche und klopfte an die Tür. Es schien, als hätte man ihn nicht gehört, darum klopfte er noch einmal, jetzt lauter und eindringlicher.

Nach einer ganzen Weile erschien eine greise Frau in altmodischer Kleidung und mit runzligem Gesicht. Sie öffnete die Tür nur einen Spalt breit.

Overberg sprach seine Bitte aus. Doch zu seiner Überraschung schüttelte die Frau nur wortlos den Kopf. „Das geht nicht“, sagte sie und wollte die Tür schon wieder schließen, als eine Bewegung hinter dem Mann sie innehalten ließ. Eine der Nonnen war ebenfalls aus der Kutsche gestiegen und trat in vollem Ordensornat neben Overberg.

„Ich bitte Euch, fromme Frau“, sagte sie mit leiser, aber eindringlicher Stimme, „wir finden den Weg bei der Dunkelheit nicht. Zur Not nehmen wir auch einen Platz im Stall.“

Die Alte sah von ihr zu Overberg und wieder zurück. „Also gut“, sagte sie schließlich. „Aber nur für eine Nacht.“

Widerwillig zog sie die Tür vollends auf und ließ die Besucher herein. Nur der Kutscher zog es vor, bei seinen Pferden zu bleiben. Die drei Reisenden bekamen Zimmer im Obergeschoss, die sehr kalt waren und muffig rochen. Offenbar waren sie schon seit Jahren nicht mehr genutzt worden.

Es dauerte lange, bis Overberg, der unter seiner Bettdecke erbärmlich zitterte, eingeschlafen war. Umso mehr wunderte er sich, als er plötzlich aufwachte. Draußen war es noch immer stockfinster. Was hatte ihn geweckt?

Er sah aus dem Zimmerfenster; die Heidelandschaft wurde durch den Schein des vollen Mondes beleuchtet. Büsche und Bäume schimmerten im sanften Mondlicht.

Er meinte, leise Schritte vor seiner Tür zu hören, und schlich durch den Raum. Dann zog er die Tür mit einem Ruck auf. Davor stand die alte Frau und legte einen Finger an die Lippen. „Ihr müsst sofort fort von hier!“, sagte sie leise. „Euch droht große Gefahr!“

Overberg zweifelte nicht einen Augenblick an den Worten der seltsamen Frau. Etwas stimmte hier ganz und gar nicht! Die Alte musste den Ordensfrauen bereits Bescheid gesagt haben, denn als er sachte an ihre Zimmertüren klopfte, standen sie bereits angezogen und abreisebereit vor ihm. So schnell wie möglich schlichen die drei die Treppe hinunter, gingen in den Stall und halfen dem Kutscher, die Pferde anzuspannen. Der Fahrer ließ die Peitsche knallen, und die Pferde fielen in einen schnellen Trab. Nur fort, fort von diesem merkwürdigen Haus!

Lichtern im Moor und in der Heide sollte man bei Nacht besser nicht folgen, auch wenn sie zu einem Haus zu gehören scheinen ...

Ihre Reise dauerte nicht lange. Bald dämmerte der Morgen, und was freuten sich die Reisenden, als sie in der Ferne einen Kirchturm erblickten – das konnte nur der Kirchturm von Bevergern sein! Sie steuerten den Gasthof des Ortes an, wo der Wirt sie trotz der frühen Stunde freundlich aufnahm.

Die Ordensfrauen, die aus Angst in dem seltsamen Haus kein Auge zugetan hatten, gingen nach einer kleinen Stärkung rasch auf ihre Zimmer, um sich auszuruhen. Doch Overberg war noch zu aufgewühlt von den Erlebnissen. Er fragte sich, warum die Alte ihn mitten in der Nacht so eindringlich gewarnt hatte. Was konnte die mürrische Frau so erschreckt haben?

In dem Moment hörte er Hufklappern und das Wiehern eines Pferdes. Dann stürzte ein junger Mann in die Gaststube. „Es ist alles verloren!“, rief er, ohne sich umzusehen. „Vier Menschen sind wegen mir gestorben!“

Overberg horchte auf. „Was ist denn geschehen?“, fragte er.

„Ich bin mit einer Botschaft nach Hörstel unterwegs“, erzählte der junge Mann. „Weil meine Nachricht dringend ist, wollte ich die Nacht durchreiten. Aber irgendwo zwischen Saerbeck und hier konnte mein Pferd nicht mehr. Es weigerte sich einfach, noch einen Schritt zu tun. Also musste ich anhalten, mitten im Nirgendwo. Doch ich sah Licht in einem Haus, und so führte ich das Tier am Zügel hinter mir her, immer auf das Licht zu. Vor dem Haus hörte ich eine Kutsche in raschem Tempo fortfahren. Auch Stimmen hörte ich und blieb unwillkürlich stehen. Es waren drei, die einer alten Frau und die von zwei Männern. Offenbar haben sie sich gestritten. Die Alte sagte immer wieder so etwas wie: ‚Nun lasst doch die beiden Frauen und ihre Begleiter am Leben!‘ Ich stand eine Weile wie erstarrt, doch sobald ich mich rühren konnte, bin ich schnurstracks fortgelaufen von diesem mörderischen Haus. Was hätte ich denn tun sollen? Ich wollte Hilfe holen, aber ich begegnete unterwegs keiner Menschenseele.“ Er ließ die Schultern hängen und vergrub das Gesicht in den Händen. „Und nun ist es gewiss schon zu spät und die Leute sind tot!“, rief er.

Overberg nahm ihm sanft die Hände vom Gesicht. „Im Gegenteil, sie sind höchst lebendig und in Sicherheit!“, sagte er. Und dann erzählte er dem Boten nun seinerseits, was in der Nacht in dem Haus geschehen war.

Der Wirt verständigte die Obrigkeit, und noch am selben Vormittag ritt eine Truppe Soldaten aus Saerbeck in die Heide. Overberg war mit von der Partie, denn er sollte dabei helfen, das Haus zu identifizieren.

Nachdem sie die Heide einige Stunden abgesucht hatten, sah er es, umgeben von Büschen und Bäumen. „Dort ist es!“, rief er, und die Hunde der Soldaten stürmten darauf zu, um die Verbrecher an der Flucht zu hindern.

Aber als die Truppe dort eintraf, fand sie nur ein leeres Haus, in dem ganz sicher schon lange niemand mehr wohnte. Es gab keine frischen Fußspuren, keine Wachsreste von Kerzen und das löcherige Dach hatte die oberen Kammern in kalte, klamme Höhlen verwandelt.

„Das gibt es doch gar nicht!“, rief Overberg. Hätte seine Geschichte nicht mit der des Boten übereingestimmt, er hätte sich wegen Irreführung der Behörden verantworten müssen. So aber blieb das verlassene Haus nur eines von vielen Rätseln der Heide in jener Zeit ...

Es klappert die Türe in lauschiger Nacht: Spukhäuser

Es gibt wohl kaum ein Schloss, das keine Legende über ein dort umgehendes Gespenst zu bieten hat. Doch es müssen nicht immer nur Adelssitze sein, die von Geistern heimgesucht werden. Bisweilen trifft es auch ganz gewöhnliche Häuser oder kleine Kotten. Voraussetzung für den Spuk ist ein vor Ort geschehenes Verbrechen, das den ehemaligen Bewohnern keine Ruhe lässt und sie dazu zwingt, bei Nacht umherzugehen. Das kann in einem einzelnen Zimmer sein, in einem Gebäudeteil oder im ganzen Haus. Diese räumliche Flexibilität gilt ebenfalls für den Spuk: Er kann einzelne Dinge oder Personen umfassen oder bisweilen ganze Räume vorgaukeln, die eigentlich gar nicht vorhanden sind.

Tagsüber steht das Spukhaus leer und ist bei Nachbarn und Einheimischen aufgrund entsprechender Gerüchte verrufen. Wer es – aus Unwissenheit oder Neugier – betritt, riskiert Verletzungen bis hin zum Tod.

Unwetter über Schloss Raesfeld

Als Johann von Raesfeld im Jahre 1555 starb, hinterließ er keine reiche Kinderschar, sondern nur einen achtjährigen Jungen. Seine Frau und alle anderen Kinder waren bereits vor ihm gestorben. Viele Adelige der Umgebung, die entfernt mit dem Schlossherrn verwandt waren, hatten das Schicksal des Schlossbesitzers und seines minderjährigen Sohnes aufmerksam verfolgt. Sie alle machten sich Hoffnung auf das prächtige Schloss und die großen Ländereien. Nun stand nur noch der kleine Junge zwischen ihnen und dem Besitz.

War es der Kummer um seinen Vater, reiner Zufall oder hatte vielleicht sogar jemand nachgeholfen? Der Junge wurde jedenfalls sehr krank. Der Schlossverwalter ließ einen Arzt rufen, und dieser blieb lange bei dem Kind. Schließlich kam er aus dem Zimmer und sagte: „Es ist nichts. In einigen Tagen ist der Knabe wieder ganz der alte", und verabschiedete sich.

Der Schlossverwalter ging daraufhin in das Zimmer des Jungen – doch was war das? Der Junge war verschwunden!

Die Suche nach ihm dauerte den ganzen Tag. Alle Männer und Frauen der Umgebung wurden zusammengerufen, um zu helfen. In Gruppen durchsuchten sie das gesamte Schloss und durchkämmten die Felder und Wälder der Umgebung. Doch man fand den Erben nicht. Auch der Arzt blieb wie vom Erdboden verschluckt.

In der darauffolgenden Nacht gab es ein schreckliches Unwetter. Der Sturm heulte und toste, Regen peitschte gegen die Fenster und Türen, Blitz und Donner fuhren über das Land. Ein Blitz schlug sogar ins Schlossgebäude ein.

Als der Verwalter am nächsten Morgen die Schäden begutachtete, stellte er fest, dass ein großer Riss im Zimmer des Jungen entstanden war. Er trat näher, um den Riss in der Wand zu untersuchen und betastete die Stelle mit seinen Händen. Was war das? Seine Hände waren ganz weiß! War das etwa Farbe auf der Wand? Tatsächlich! Als er gegen die Mauer drückte, bemerkte er lose Steine.

Aufgeregt rief er nach seinen Untergebenen. Gemeinsam gelang es ihnen, die offenbar frisch gemauerte Wand einzureißen. Dahinter machten sie eine grausige Entdeckung: Der kleine Schlosserbe starrte sie aus blicklosen Augen an. Offenbar war er bereits tot eingemauert worden.

Die Suche nach dem Arzt wurde wieder aufgenommen, und nach drei Tagen fand man ihn schließlich. Er gestand bald, den Jungen vergiftet und eingemauert zu haben. Fragen nach einem Auftraggeber beantwortete der Mörder bis zu seiner Hinrichtung jedoch nicht.

Schloss Raesfeld fiel an einen entfernten Verwandten. Der jedoch zog schon bald wieder aus, weil er nicht am Ort einer solchen Tragödie leben wollte.

Damit sich jemand um das Nötigste kümmerte, zogen eine Hauswirtschafterin und ihre Tochter ein. Doch wann immer ein Unwetter vorüberzog, klapperten alle Zimmertüren wie wild und die Flammen im Kamin loderten groß und hell auf. Das machten die beiden Frauen einige Male mit, aber mit jedem Mal wurde ihre Angst stärker. Die Ältere der beiden erzählte, im Heulen des Windes mehrfach die Stimme eines kleinen Jungen vernommen zu haben, der um Hilfe rief. Schließlich entschlossen sich die beiden Frauen, nicht länger in diesem Spukhaus zu wohnen und suchten sich eine andere Anstellung. Aus Furcht vor dem verfluchten Gebäude soll das einst prächtige Schloss noch Jahrhunderte später leergestanden haben.

Leichen im Keller: Bauopfer

Der kleine Junge mag das Opfer eines Erbstreits geworden oder eines natürlichen Todes gestorben sein. Aber vielleicht spiegelt die Geschichte von Burg Raesfeld auch einen alten Brauch. Denn früher war es mitunter üblich, beim Bau eines Hauses ein Opfer darzubringen. Bis ins späte Mittelalter hinein sind Tieropfer belegt: Hunde, Katzen oder Pferde wurden lebendig eingemauert. Aber Menschenopfer sind ebenfalls bekannt. Kleine Jungen schienen für diesen Zweck besonders gefragt zu sein. So ist in Großbritannien die Legende von einem König namens Vortigern überliefert. Der wollte eine Burg errichten, aber der Rohbau stürzte immer wieder ein. Der Druide, den man daraufhin zu Rate zog, hielt ein Kind als Bauopfer für sinnvoll. Der Geschichte nach entging der junge Merlin seinem Schicksal nur knapp.

Schloss Raesfeld ist heute ein beliebtes Ausflugsziel. Aber hinter der Fassade kann so mache schockierende Entdeckung lauern ...

Der mutige Bauer

Einst gab es im Münsterland einen jungen Bauern, der auch ein talentierter Handwerker war. Nach vielen Jahren im Handwerk erbte er einen großen Bauernhof. Allerdings war der Hof von seinen Vorbesitzern überhaupt nicht gepflegt worden und bedurfte dringender Reparaturen. Kein Problem für den Handwerker: Einen ganzen Sommer lang renovierte er das Haus, um es bestmöglich gegen Wind und Wetter abzusichern. Er hobelte und sägte und hämmerte so eifrig, dass die Menschen aus der Gegend alle darüber sprachen.

Es war Herbst geworden, als der Handwerker mit seiner Familie endlich in das frisch renovierte Bauernhaus einzog. Er blickte stolz auf seinen Hof und sagte: „Nun bin ich gegen jedes Unheil gerüstet. Kein Sturm, kein Feuer, kein Erdbeben vermag mir und meiner Familie in diesem Haus noch etwas anzuhaben!"

„Aber hast du denn gar keine Angst vor der Moorhexe?", fragten ihn die alten Nachbarn. „Die hat sich hier in der Gegend schon so manches Haus geholt und einige Bauern regelrecht in den Ruin getrieben!"

„Unsinn!", erwiderte der stolze Hausbesitzer, „ich glaube nicht an eure Spukgeschichten! Und selbst wenn es die Moorhexe tatsächlich gäbe, würde sie sich an meinem Haus die Zähne ausbeißen!"

Noch am selben Abend zog ein schwerer Sturm auf. Der Wind fegte eisig um die Häuserecken, und die Menschen suchten Schutz vor dem Wetter um die lodernden Herdfeuer in ihren Häusern. Im Turm der Dorfkirche schlug es Mitternacht, als die Wolken in Fetzen am Mond vorbeizogen. Mancher, der vor dem Zubettgehen noch einen Blick Richtung Himmel warf, hatte den Eindruck, in den wechselnden Wolkengebilden kurz eine bekannte Spuk- und Sagengestalt zu erkennen, bevor der Wind sie wieder auseinanderriss.

Aufgrund der späten Stunde sah niemand, wie der Wind kurz darauf eine besonders große Menge dunkler Wolken vor sich hertrieb. Die Wolken verdichteten sich, wurden zu einer Gestalt, die wuchs und wuchs, bis sie eine Riesin war. Man konnte sogar ihr strähniges Haar erkennen ... und da erschienen die Augen, die Nase, der Mund. Es war eine alte Frau, die die Naturkräfte dort formten!

Diese Frau wurde nicht etwa vom Wind wieder auseinandergerissen, nein, sie blieb und schien sich nur noch stärker zu verdichten. Die Wolken formten ein Kleid aus bleichen, alten Laken um ihren Körper – es sah aus, als wäre sie in ein Leichentuch gehüllt.

Hätten die Alten davon gewusst, hätten sie gesagt: „Die Moorhexe ist da!" Doch die Alten lagen in ihren Betten und versuchten trotz des Sturmes zu schlafen.

Der Herbststurm wütete so schwer wie schon lange nicht mehr. Die Gestalt in den Wolken kam dem Dorf immer näher und streckte ihre dürren Finger nach dem Haus des jungen Bauherrn aus. Der war vom Wüten des Sturmes erwacht und saß besorgt in seiner Stube. Doch er vertraute auf das stabile Fundament des Hauses, obwohl einige seiner Dielen und Bretter bedenklich knackten. Er lauschte dem starken Wind. Das Geheul, das er von draußen hörte, schien ihm fast menschlich.

Mit einem Mal hörten die Bewegungen der Wolken auf. Die drohende, dunkle Wand kam direkt über dem frisch renovierten Bauernhaus zum Stillstand.

Die Moorhexe breitete ihre windigen Arme aus und schleuderte wütend die Ziegel vom Dach. Schon hielt der erste Giebel nicht mehr stand. Ein Blitz erhellte den Himmel. Dann brannte der Dachstuhl lichterloh. Der Bauer weckte schnell seine Familie und gemeinsam rannten sie aus dem Gebäude.

„Du wagst es, mich zu verhöhnen? Schau, was ich vermag!",

rief eine Stimme durch den Wind dem Bauern zu. Der Sturm fachte das Feuer immer weiter an. Das gesamte Bauernhaus brannte schließlich lichterloh. Noch bevor die Kirchturmuhr die erste Stunde schlug, war es bis auf die Grundmauern abgebrannt.

Der einst so mutige Bauer hat seither oft auf den Ratschlag der Alten gehört. Wann immer aber jemand von der Moorhexe zu erzählen begann, ist er wortlos davongegangen.

Vom Toben der Elemente: Animismus

Seit frühester Menschheitsgeschichte ist der Glauben an Natur- und Elementargeister auf der ganzen Welt überliefert, die sich als personifizierte Naturkräfte mit übernatürlichen Fähigkeiten begreifen lassen. Auch konkrete meteorologische Vorgänge wie Gewitter, Wolken, Wind und Nebel werden im Volksglauben häufig personifiziert dargestellt. Je extremer das Naturereignis, umso wahrscheinlicher ist eine entsprechende Überlieferung. Teile dieses Glaubens haben sich bis heute gehalten, wie man an den Namen für Wetterereignisse sehen kann.

Selbst besonders stabile Bauernhäuser werden bisweilen Opfer der Naturgewalten.

Der wilde Graf

Vor vielen hundert Jahren stand an der Stelle, an der heute das Ahauser Schloss steht, eine wehrhafte Burg. Auf dieser Burg lebte ein grausamer und herrischer Graf. Der Mann hatte weder Frau noch Kinder, und vielleicht hatte ihn seine Einsamkeit verbittert. Im Gegensatz zu anderen Adeligen achtete er überhaupt nicht auf sein Aussehen, sondern besaß die Erscheinung eines wilden und groben Mannes: Unter einem großen und breiten Hut stand sein Haar wirr vom Kopf ab. Er hatte einen ungepflegten Vollbart, wodurch man von seinem Gesicht nicht viel mehr als zwei unheimlich leuchtende Augen erkennen konnte, und er trug immer einen weiten, dunklen Mantel und schwarze Stiefel, die ihm bis über die Knie reichten.

Anhand seines Äußeren konnte man ihn bereits auf weite Entfernungen erkennen. Seine Stimme war vom vielen Brüllen ganz rau geworden, und selbst wenn er einmal ruhiger war, sprach er nur in grobem Befehlston. Alle Menschen in der Umgebung von Ahaus waren seine Untertanen, die er schlecht und ungerecht behandelte. Man konnte fast meinen, es mache ihm Freude, seine Untergebenen zu quälen.

Damals war es üblich, dass Bauern und Bürger den zehnten Teil ihrer Erträge an den Graf abgaben, aber dieser Graf verlangte grundsätzlich so viel wie er wollte. Ganz gleich, wie sehr die hungernden Menschen auch baten und flehten, er verschonte niemanden. Manche Menschen trieb er in seiner grausamen Art sogar in den Ruin. Denn wer seinen Forderungen nicht nachkommen konnte, den vertrieb er ohne Erbarmen von Haus und Grund. Dann mussten diese armen Menschen ohne Arbeit und Obdach umherziehen und irgendwie versuchen zu überleben.

Sobald die Ahauser Kinder ihn von weitem heranreiten sahen, riefen sie: „Der böse Mann kommt!“, und liefen schnell fort, denn sie fürchteten sich genau wie ihre Eltern vor dem grausamen Grafen.

Dieser hatte dem Pfarrer eingeschärft, nicht eher mit der Messe zu beginnen, als bis er eingetroffen war. Da der Graf jedoch samstags abends gerne mal einen über den Durst zu trinken pflegte und die Messe am Sonntag nicht in Ahaus selbst, sondern in Wüllen stattfand, kam er fast immer zu spät. Alle mussten dann auf ihn warten. Der Graf wollte jedoch die Messe nicht ausfallen lassen, da es ihm wichtig war, seine Macht zu demonstrieren und sich dem Volk zu zeigen.

So geschah es auch an einem Sonntag im Dezember. Die Kirche war bis auf den letzten Platz gefüllt. Alle warteten auf den Grafen. Der aber ließ sich an jenem Tag besonders viel Zeit. Die Menschen wurden bereits ungeduldig, den Kindern und Alten wurde kalt in der unbeheizten Kirche, und die Kleinkinder begannen zu schreien.

Doch noch immer war vom Grafen weit und breit nichts zu sehen.

Irgendwann fasste der alte Pfarrer sich ein Herz und fing mit dem Gottesdienst an. Gerade war das erste Lied gesungen worden, da sprengte der Graf auf seinem Pferd heran. Atemlos stürmte er in die Kirche. Als er merkte, dass der Pfarrer bereits begonnen hatte, wurde der Graf sehr wütend. „Was erlaubst du dir?“, schrie er, stürmte auf den Altar, zückte seinen Dolch und begann in blindem Zorn auf den hilflosen Pfarrer einzustechen.

Die Menschen in der Kirche schrien und riefen wild durcheinander. Einige versuchten, den Grafen von seinem mörderischen Tun abzuhalten, doch der schüttelte mit schier übermenschlicher Kraft alle ab, die ihn zurückhalten wollten.

Schließlich wurde der Graf ein wenig ruhiger und blickte auf den reglosen Geistlichen zu seinen Füßen. Da erst schien es, als würde selbst ihm die Ungeheuerlichkeit seiner Tat bewusst. Er rannte aus der Kirche, sprang in den Sattel und ritt in wilder Jagd davon.

Die Menschen in der Kirche taten ihr Bestes, um den verletzten Pfarrer zu versorgen. Die unzähligen Stiche waren jedoch zu viel für den alten Mann. Er starb wenige Augenblicke später auf dem Altar, getränkt in seinem eigenen Blut.

Aber auch der mörderische Graf lebte nicht mehr lange. War es Schicksal oder eine strafende Hand? Jedenfalls stolperte sein Pferd bei einem Jagdausritt über eine Baumwurzel so unglücklich, dass es den Grafen aus dem Sattel hob. Er fiel kopfüber auf einen Baumstumpf und brach sich das Genick.

Noch heute soll man den wilden Grafen jedes Jahr in Ahaus und Wüllen sehen können, und zwar in den Nächten zwischen Weihnachten und Dreikönige, den so genannten Raunächten, wenn es oft heftig stürmt. Dann reitet der Graf nachts in hohem Tempo zwischen dem Schloss – der ehemaligen Burg – und der Wüllener Kirche hin und her. Es klingt, als würde ein heftiger Sturm wüten. Aber es ist der wilde Graf, der noch immer keine Ruhe findet. Die Kirche umrundet er drei Mal, dann verschwindet er wieder im Dunkel der Nacht. Wer ihn sieht, der sollte ihm besser schnell aus dem Weg gehen, denn sonst wird er von dem Geist einfach niedergeritten.

Von rauen Nächten und rauen Gesellen
Die zwölf Tage zwischen Weihnachten und Heilige drei Könige am 6. Januar werden als die Zeit der Raunächte bezeichnet. In der europäischen Mythologie heißt es, dass in diesen Tagen die Tore zwischen den Welten der Lebenden und der Toten besonders weit offenstehen. Darum wird davor gewarnt, in dieser Zeit – vor allem nachts – das Haus zu

verlassen. Sonst kann man leicht auf Geister oder Dämonen treffen. Doch natürlich lässt sich dieser Umstand auch nutzen: Die Raunächte sind, so heißt es seit der Frühen Neuzeit, die beste Zeit für Weissagungen, Geisterbeschwörungen und Prophezeiungen.

Wenn alte Mauern reden könnten ... In der Wüllener Kirche hat sich laut Überlieferung vor vielen hundert Jahren eine schreckliche Bluttat ereignet.

Der Heimweg

Ein fröhlicher und mutiger Geselle ging eines Abends von der Wohnung seiner Verlobten auf dem Land zurück nach Emsdetten. Es war ein lauer Sommerabend, und er hatte viel Zeit mit der jungen Frau verbracht. Wie so häufig nahm er die Abkürzung durch den Sternbusch. Obwohl die Tage lang waren, dämmerte es bereits, als er in das Waldstück einbog. Dennoch fürchtete er sich nicht, denn er hatte seinen Hund dabei.

Mit einem Mal fing der jedoch an, ganz fürchterlich zu jaulen. Dann wollte er partout nicht mehr weitergehen. Der Geselle zog und zerrte an der Leine, aber das Tier ließ sich nicht dazu bewegen, auch nur noch einen Schritt vorwärts zu machen. Schließlich nahm er den Hund auf den Arm und setzte seinen Weg fort.

Weit kam er nicht. Plötzlich stand am Wegesrand ein geisterhaft durchscheinender Mann. Ihm fehlte der Kopf - nur ein blutiger Halsstumpf war noch zu sehen. Als der Geselle an ihm hinunterblickte, entdeckte er das fehlende Körperteil: Den Kopf trug er in den Händen. Einen Augenblick lang war der Geselle wie versteinert. Er vermochte seinen Blick nicht von dem grausigen Bild zu lösen. Die Augen des Geistes schienen direkt in ihn hineinzublicken. Es ging etwas Trauriges, Verzweifeltes von ihm aus. Der junge Mann wollte wegrennen, aber seine Glieder gehorchten ihm nicht mehr. So stand er einfach nur da.

Später konnte der Geselle nicht mehr sagen, wie lange er auf den Geist gestarrt hatte. Irgendwann wandte sich die Erscheinung ab und stapfte mit lauten Schritten ins Unterholz. Noch eine Weile verfolgte der Geselle die hell schimmernde Gestalt mit den Augen. Als er sie im Dunkel des Waldes nicht mehr ausmachen konnte, kehrte das Leben in seinen Körper zurück und er spürte, dass er seine Arme und Beine wieder bewegen konnte.

Er zögerte kurz, dann rannte er so schnell er konnte den Rest des Weges durch den Busch. Er wollte nur noch weg aus diesem schrecklichen Wald! Auch seinem Hund konnte es plötzlich gar nicht mehr schnell genug gehen. Er zog so stark an der Leine, dass der Geselle kaum mit ihm mithalten konnte.

Als er die Stadt erreichte, kehrte er in die erste Schänke ein.

„Einen Klaren“, verlangte er mit zitternder Stimme.

„Aber was ist dir denn passiert?“, fragte die Wirtin. „Du siehst ja aus, als hättest du einen Geist gesehen!“

Stockend berichtete der Geselle von seiner Begegnung. Nach zwei weiteren Schnäpsen schien es ihm möglich, dass er sich die gruselige Gestalt nur eingebildet hatte. Aber die Wirtin sagte: „Es gibt hier die Sage vom kopflosen Mann, der am Johannistag umgeht. In der Heide, aber auch in den Wäldern soll man ihn treffen können …“

„Heute ist doch Johannistag!“, warf ein Gast ein.

Ein anderer meinte: „Da hat dir wohl jemand einen Streich gespielt. Der kannte die Legende und hat dir einen tüchtigen Schrecken eingejagt! Jetzt sitzt er zu Hause und lacht sich kaputt ...“

Die Gäste in der Kneipe lachten. Aber dem Gesellen, der noch einige Biere trank, fiel auf, dass keiner der Gäste nach Hause gehen wollte. Erst bei Tagesanbruch machten sich die Männer auf den Weg. Der junge Mann aber erzählte niemandem mehr von seiner Begegnung.

Sleepy Hollow lässt grüßen: Geister ohne Köpfe

Die deutschsprachige Volkssage kennt jede Menge kopflose Geister. Es handelt sich bei ihnen um ruhelose Tote, deren Leben durch einen gewaltsamen Tod vorzeitig beendet worden ist. Menschen ohne Kopf tragen das fehlende Körperteil klassischerweise unter dem Arm. Offenbar können sie die Sinne noch, wenn auch eingeschränkt, nutzen. Die kopflosen Geister haben oft zu Lebzeiten so schwer gesündigt, dass sie laut den früher geltenden Gesetzen eigentlich den Tod verdient hätten. Ihre Sünde blieb jedoch ungesühnt, darum müssen sie als Geister umhergehen. Kopflose Geister erscheinen oft im Gefolge der Wilden Jagd.

Viele Menschen meiden die Wildnis des Waldes, besonders nachts. Einige haben Angst vor anderen Menschen, andere fürchten, auf übernatürliche Wesen zu treffen.

Der mutige Müllersbursche

Einst schickte ein Müller aus Gronau seinen Lehrling auf den Weg nach Schöppingen, wo er Geld für verkauftes Mehl einsammeln sollte. Der Besuch in Schöppingen zog sich hin, doch schließlich hatte der Junge das Geld zusammen und machte sich unverzüglich wieder auf den Rückweg. Es war Herbst und dämmerte bereits. Der Junge war müde und wollte so schnell wie möglich nach Hause. Darum entschied er sich, nicht die Landstraße zu nehmen, sondern den kürzeren Weg quer durch die Heide.

Trotz der zunehmenden Dunkelheit kam der Junge zunächst gut voran. Er fühlte den Trampelpfad unter seinen Füßen, seine Augen gewöhnten sich an die Dunkelheit, und der Mond sorgte für Orientierung in der weiten Landschaft.

Doch dann veränderte sich etwas. Feine Nebelschwaden zogen auf und hüllten die Heide in Zwielicht. Das Mondlicht verschwand hinter weißgrauen Schleiern. Der Nebel nahm zu, je weiter er ging. Schließlich lief der Junge langsamer. Er kannte die Geschichten und Warnungen der Alten: Er wollte nicht den Weg verlieren, in einen Heidekolk geraten und womöglich ertrinken.

Da war ihm, als drängen mit einem Mal Geräusche an sein Ohr; ein Sausen oder Schwirren, das er noch nie gehört hatte. War das ein Seufzen? Stöhnte da jemand? Brauchte womöglich jemand Hilfe?

Die Laute schienen von rechts zu kommen. Er setzte seine Schritte vorsichtig in die Richtung, aber da kam das Stöhnen plötzlich von links. Dann schien es sich von hinten zu nähern, und bald darauf befand es sich eindeutig über ihm. Der Nebel und seine Einbildung mussten ihm Streiche spielen, denn wann immer er sich umwandte, war da nichts als dichter, grauer Nebel.

Irgendwann hörte er auf, sich nach den Geräuschen umzudrehen. Aber es war zu spät. Er hatte den Weg verlassen und wusste nicht mehr, in welche Richtung er gehen musste.

Ihm fielen die Sagen und Legenden rund um Nachtmären ein. War es ein Geist, der ihn in die Irre getrieben hatte? Er wusste, dass es in den großen westfälischen Heiden boshafte Wesen gab, die den Menschen feindlich gesinnt waren – Heideschurk, Moorteufel oder Nachtmär wurden sie genannt.

Doch der Müllerlehrling ließ sich nicht so schnell aus der Ruhe bringen. Er setzte sich einfach an Ort und Stelle in das feuchte Moos. Dort wollte er abwarten, bis sich der Nebel verzogen hatte und er den Weg wiederfinden konnte.

Aber der Nebel dachte nicht daran sich zu verziehen. Im Gegenteil, er schien immer dichter zu werden. Irgendwann meinte der Junge, aus der Ferne leise seinen Namen rufen zu hören. War das nicht die Stimme des Meisters? Ja, er war sich sicher. Sie vermissten ihn in Gronau bestimmt und waren schon auf der Suche nach ihm. Ohne lange darüber nachzudenken, sprang er auf und lief in die Richtung, aus der die Stimme gekommen war.

Doch egal, wie weit er lief, er sah weit und breit kein Licht und keine menschlichen Gestalten, die ihn suchten. Er rief nach seinem Meister, doch nun schwieg der Nebel um ihn herum. Eine weitere Sinnestäuschung! Enttäuscht setzte er sich erneut in feuchtes Gras und sah in die nebelgraue Nacht. Trotz Kälte und Hunger fielen ihm irgendwann die Augen zu und er fiel in einen dämmrigen Schlaf.

Plötzlich packte ihn jemand heftig an der Schulter. Erschrocken riss der Junge die Augen auf. Wer hatte ihn geweckt? Er sah sich um, aber er war noch immer allein. Da schälte sich aus dem Nebel ein Wesen, ganz in grau. Es besaß einem durchscheinenden Körper, große, runde, grasgrüne Augen und ein totenbleiches Gesicht. Mit leiser Stimme sagte das Wesen: „Fürchte dich nicht, tapferer Müllerlehrling! Ich bin die Nachtmär, ich muss hier ewig umgehen, wenn mich nicht jemand erlöst! Ich habe gemerkt, dass du wagemutig bist. Kannst du mir helfen? Wenn du Erfolg hast, werde dich reich und glücklich machen."

Erstaunt fragte der Junge: „Was muss ich tun, um dir zu helfen?"

„Dort vorne findest du einen Heidekolk, auf dem eine Rose blüht. Wenn du sie für mich pflückst, bin ich erlöst."

Der Junge blickte in die angegebene Richtung. Just in dem Moment lichtete sich der Nebel. Er sah einen kleinen Teich und auf ihm eine große, schöne Seerose, die kaum einen Schritt vom Ufer entfernt wuchs. Dann schoben sich wieder Nebelschwaden über die Landschaft, und der Kolk war nicht mehr als ein Schatten.

„Wirst du es tun?", fragte die Nachtmär.

„Ja, ja", brummte der Junge und ging zum Ufer. Statt aber einfach nach der Rose zu greifen, schaute er sie zunächst eine Weile an. Es schien sich um eine ganz gewöhnliche Pflanze zu handeln. Er musste sich nur ausstrecken und sie pflücken ... Er hörte wieder das unheimliche Rauschen und Sirren und merkte, dass die Nachtmär ihm gefolgt war und sich nun abwartend am Kolkufer niederließ.

Also legte er sich auf den Bauch und streckte den Arm nach der Pflanze aus. Aber was war das? Als er sie greifen wollte, schien sie ihren Platz zu wechseln und war mit einem Mal ein gutes Stück von seiner Hand entfernt! Der Junge schrieb das seiner Müdigkeit zu und rieb sich die Augen. Er versuchte es noch einmal und noch einmal, aber es gelang ihm nicht, die Rose vom Ufer aus zu fassen. Der Lehrling seufzte und stieg ins Wasser, das ihm nicht sehr tief erschien. „Dich krieg ich", murmelte er.

Am Rande seines Gesichtsfeldes nahm er eine Bewegung wahr. Er schaute hoch und sah, wie die Nachtmäre sich in die Luft erhob und mit einem Sirren davonflog.

Der Müllerlehrling war kaum zwei Schritte ins Wasser gestiegen, da stand er schon vor der Rose. Er umfasste ihren Stiel mit einer Hand und wollte sie gerade pflücken, da tauchte neben ihm im Wasser eine grässlich verzerrte Fratze auf. Sie war so dunkel wie das Wasser des Kolks und besaß nicht nur unheimlich grün schimmernde Augen, sondern auch ein weit aufgerissenes Maul, dazu zwei lange Arme, die sich nach ihm ausstreckten, um ihn in die Tiefe zu ziehen!

Mit einem Schrei des Entsetzens ließ er die Rose los und wollte sich ans rettende Ufer flüchten – aber seine Stiefel waren bereits so tief in den Schlamm eingesunken, dass er seine Beine nicht bewegen konnte! Mit großer Anstrengung zog und zerrte er an seinen Stiefeln, und tatsächlich gelang es ihm nach endlos scheinenden Augenblicken, sich wieder ans rettende Ufer zu begeben. Im nassen Gras blieb er erschöpft liegen.

In Heide und Sumpf können viele Gefahren lauern – die meisten davon im Wasser.

Der Lehrling musste eingeschlafen sein, denn als er erwachte, stand die Sonne bereits hoch am Himmel. Er blickte sich um. Von Nebelgeistern oder Nachtmären war nichts zu sehen. Doch der Kolk war noch da. Auf seiner Wasserfläche schwamm eine einzelne wunderschöne Seerose.

Der Junge beachtete die Pflanze nicht weiter, sondern begab sich auf die Suche nach dem Heimweg, den er jetzt, bei Tageslicht, nach kurzer Suche fand.

Bald darauf kam er erschöpft, aber wohlbehalten bei seinem Meister in Gronau an.

Als der alte Meister hörte, was sein Lehrling erlebt hatte, klopfte er ihm auf die Schulter und sagte: „Gut, dass du die Rose nicht gepflückt hast. Sonst hätte dich die Nachtmäre in Gestalt des Wassergeistes tief in den See hinabgezogen. Nie mehr wärst du aufgetaucht!“

Der Junge nickte und schwor sich, von nun an immer die Landstraße zu nehmen, egal, welchen Umweg er dafür in Kauf nehmen musste.

Nasse Angelegenheit: Wassergeister

Sagen und Legenden berichten von unzähligen Wassergeistern in verschiedenen Gestalten, die unsere Seen, Flüsse, Meere und Teiche bevölkern. Unfälle am und im Wasser werden diesen Geistern zugeschrieben. Es heißt, sie locken die Menschen ins Wasser, um sie dann zu ertränken. Einige Wassergeister sind, genau wie Hexen, in der Lage, Nebel zu erzeugen, um die Menschen in die Irre zu führen. In den Geschichten spielen Wasserpflanzen häufig eine Rolle, weshalb sie auch wie die Fabelwesen heißen: Die besonders verbreitete gelbe Teichrose wird zum Beispiel Nixenblume genannt.

Heute nicht mehr geläufige Ausdrücke

Altknecht
Der älteste Knecht, ein angestellter Arbeiter auf einem Bauernhof, wird so bezeichnet. Früher gehörten Knechte und → Mägde auf einem Hof quasi zur Familie.

Bursche
Wenn in alten Erzählungen von einem Burschen die Rede ist, dann ist ein unverheirateter Mann gemeint. In diesem Sinne sind auch Zusammenfügungen wie „Handwerksbursche“ zu verstehen, denn erst die Heirat berechtigte dazu, den Meistertitel zu erwerben. Burschen konnten also – mussten aber nicht – jung sein.

Edelmann
Ein Mann von Adel, der über ein begrenztes Gebiet Herrschaft ausübt, ist ein Edelmann. Im Regelfall wird die Adelszugehörigkeit innerhalb der Familie vererbt und ist im deutschsprachigen Raum an Namen mit „zu“ und „von“ erkennbar. Adelige Frauen nennt man analog zum Edelmann Edelfrau oder Edelfräulein.

Elle
Die alte Längenmaßeinheit heißt so, weil sie auf die Länge einer Elle, also eines Unterarmknochens, zurückgeht. Als Naturmaß konnte sie früher allerdings recht unterschiedliche Längen bezeichnen. Noch immer findet man an vielen alten Rathäusern beispielhaft Ellen angeschlagen. Sie zeigen, wie lang die Elle in der jeweiligen Stadt war. Bis heute hat sich die Maßeinheit im Begriff „ellenlang“ erhalten. Beim Schneidern existiert außerdem noch die „Schneiderelle“ als Längenmaß, die heute aber eindeutig definiert ist.

Fehde

In Zeiten, in denen es noch keinen Staat im heutigen Sinne gab, existierte noch keine überortliche Gerichtsbarkeit. Streitigkeiten wurden daher oft persönlich geklärt – entweder in einem Duell oder mit (stellenweise jahrzehntelangen) Gewalt- und Vergeltungsakten, die auch die Familien der Betroffenen einschließen konnten. Sowohl das kurze Duellieren als auch der jahrelange Streit kann als Fehde bezeichnet werden.

Feme

In Westfalen waren Frei- oder Femegerichte seit dem hohen Mittelalter weit verbreitet. Zwar war die Gerichtsbarkeit über Leben und Tod eigentlich Sache des Königs, der dieses Privileg aber zunächst an Grafen und dann an freie Richter weitergab. Wer verurteilt (verfemt) wurde, wurde gehängt, was aber nicht immer mit dem Tod verbunden war. Schwerer wog die damit einhergehende Acht, die den Verurteilten von der Gesellschaft ausschloss. Femegerichte tagten in Westfalen noch bis ins 19. Jahrhundert hinein.

Frevel

Das Wort gibt es schon sehr lange. Seit dem Mittelalter steht es für Übermut, Gewalt und bösen Willen. Es geht also um jede Art von bewusster Grenzübertretung, die grundsätzlich als schändlich angesehen wurde.

Fuß

Nicht das Körperteil ist hier gemeint, sondern eine alte Längeneinheit, die früher fast auf der ganzen Welt geläufig war. Ein Fuß umfasste je nach Definition meist eine Länge zwischen 28 und 32 Zentimetern. Noch heute wird im englischen die Einheit

„feet" verwendet. In der Schiff- und Raumfahrt ist das Längenmaß ebenfalls noch gebräuchlich.

Haspel
Die Haspel ist ein Hilfsmittel zum Auf- und Abwickeln von Garnen, Seilen, Drähten und Bändern. Haspeln werden sowohl in der Textiltechnik als auch in der Industrie eingesetzt, um das aufgewickelte Material vor Verwirren und Verknoten zu sichern. Auf sie geht übrigens der Ausdruck „sich verhaspeln" zurück.

Homo Homini Lupus (est)
Der lateinische Ausspruch heißt „Der Mensch ist dem Mensch ein Wolf" und wurde durch den englischen Philosophen Thomas Hobbes (1588-1679) bekannt.

Kessel
Mit dem Aufkommen der Herde ging auch ihre Hochzeit zu Ende. Ein Kessel ist ein großer runder Topf ohne Deckel, der über dem offenen Feuer hängt und zur Speisenzubereitung genutzt wird.

Krämer
Heute noch in der Bezeichnung „Kramladen" erkennbar ist der Beruf des Krämers, der früher einen Händler jeder Art bezeichnen konnte.

Kolk
Ähnlich wie ein See, aber anders: Ein Kolk ist eine kleine wassergefüllte Vertiefung in sumpfiger Landschaft.

Landsknecht
Sie gelten als die ersten Söldner Europas: Als Landsknechte werden zu Fuß kämpfende Soldaten bezeichnet, die sich ab dem

späten Mittelalter von den verschiedensten Landesherren gegen Sold engagieren ließen. Landsknechte galten aufgrund ihrer fortschrittlichen und disziplinierten Kampfesweise als besonders schlagkräftig, besaßen aber auch den Ruf von gefürchteten Plünderern und Marodeuren, die nach ausgebliebenen Soldzahlungen oder bei Arbeitslosigkeit ganze Landstriche verwüsten konnten.

Magd

Eine Arbeiterin in der Landwirtschaft, die auf dem Hof und dem Feld hilft, wird so bezeichnet. Sie ist das weibliche Gegenstück zum Knecht. Im deutschsprachigen Raum ist der Begriff zwar nicht veraltet, wird aber heute nur noch sehr selten gebraucht, da der Beruf im Zeitalter der industriellen Landwirtschaft quasi ausgestorben ist.

Meier

Der Begriff Meier in seinen vielen unterschiedlichen Schreibweisen bezeichnet ursprünglich einen Amtsträger des Grundherrn. Ein Meier verwaltet den Grundbesitz, der auch Meierei genannt wird. Ab dem späteren Mittelalter werden Pächter oder selbständige Bauern ebenfalls als Meier bezeichnet.

Mittelschiff

Der mittlere Bau und größte Raum der Kirche ist für diejenigen bestimmt, die den Gottesdienst besuchen. Dem Hauptschiff beigestellte und durch Säulen oder Pfeiler abgetrennte Räume werden als Seiten- oder Nebenschiffe bezeichnet.

Obrigkeit

So bezeichnet man in nicht demokratisch organisierten Gesellschaften im → Mittelalter und der → Frühen Neuzeit die Gruppe derer, die über die Bevölkerung herrschte.

Raunächte
Die Nächte zwischen Weihnachten und dem 6. Januar werden im europäischen Volksglauben besondere Eigenschaften zugeschrieben. In dieser Zeit sollen die Grenzen zwischen der Welt der Lebenden und der Toten durchlässiger sein als sonst. Deshalb ist es zu dieser Zeit zum einen besonders gefährlich, allein durch dunkle Wälder oder andere Spukorte zu gehen, zum anderen eignet sich diese Zeit besonders für Kontakt mit der so genannten Anderswelt, zum Beispiel durch Zaubersprüche, Dämonenbeschwörung oder Orakel.

Rentmeister
Sie haben nichts mit der heutigen Altersversorgung zu tun: Rentmeister verwalten seit dem späten Mittelalter Gelder, die von den jeweiligen Herrschaften eingezogen wurden. Kirchliche Ländereien und Immobilien wurden früher oft von Rentmeistern verwaltet. Aber auch die Güter kleinerer Adeliger bis hinauf zu den Landesherren bedienten sich solcher Amtmänner. Da fast alle Menschen, gerade jene auf dem Land, Abgaben zahlen mussten, ist gut vorstellbar, wie viel von der Persönlichkeit abhing, die ein solches Rentamt bekleidete.

Schabracke
Die besonders verzierte Satteldecke wurde früher oft bei festlichen Gelegenheiten verwendet. Heute wird sie häufiger eingesetzt.

Schänke
Die historische Bezeichnung für eine Gaststätte oder Kneipe wird auch „Schenke“ geschrieben. Letztere leitet sich vom Verb ausschenken ab, während die Schänke vom Nomen Ausschank herrührt.

Schulze
Verwalter wurden und werden nicht nur als → Meier bezeichnet, sondern tragen regional noch viele weitere Namen: Amtmann, Amtsschulze, Bauernvogt, Drost, Gutsvogt, Hofbauer, Hofmann, Hofschultheiß, Meiervogt, Schultheiß oder Vogt. Der Schulze als Nebenform von Schultheiß ist sowohl in Westfalen als auch im Rheinland überliefert.

Stube
Das alte Wort für Wohnzimmer bezeichnete ursprünglich einen geheizten Wohnraum, von dem es früher in einer Wohneinheit oft nur einen gab, was ihn zum wichtigsten Raum machte. In einem Bauernhaus diente die Stube neben repräsentativen Zwecken als Arbeitsraum. In dem Ausdruck „Immer hinein in die gute Stube“ spiegelt sich die Tatsache, dass größere Häuser über zwei Stuben verfügten – eine für den Alltag und eine für festliche Anlässe und Besuche.

Wildfrevel
Um die Legende rund um den Freischützen von Münster zu verstehen, hilft ein wenig Jagdwissen: Obwohl der Wildfrevel auch heute noch eine Straftat ist, war seine Bedeutung früher wesentlich höher. Laut Gesetz gehört einem Waldbesitzer das Wild, das im Wald lebt. Es zu jagen ist ein Privileg, das der Waldbesitzer ausüben oder verleihen kann. Früher war es Adeligen und anderen höhergestellten sozialen Schichten vorbehalten. Auf Wilderei standen schwere Strafen, die bis zum Tod reichen konnten.

Geschichtswissenschaftliche Ausdrücke

Burg

Ein in sich geschlossener, bewohnbarer Wehrbau wird als Burg bezeichnet. Seit dem Mittelalter sollen besonders dicke Mauern und eine meist geschützte Lage das Eindringen von Feinden oder feindlichen Geschossen verhindern oder erschweren. Heute noch erhaltene Burgen sind denkmalgeschützt und spielen oft eine wichtige Rolle im Tourismus.

Frühe Neuzeit

Der Begriff steht für die Jahrhunderte zwischen dem Mittelalter und der Moderne, also etwa die Zeit von 1500 bis 1800, als Europäer sich in die für sie neue Welt aufmachten, der Buchdruck Ideen schneller als je zuvor verbreitete und über die Art der Glaubensausübung Kriege geführt wurden. Entgegen populärer Ansichten fanden die großen Wellen der Hexenverfolgung in der Frühen Neuzeit und nicht im → Mittelalter statt. Die Frühe Neuzeit gilt mit der Französischen Revolution als abgeschlossen.

Geschlecht

So bezeichnet man eine Adelsfamilie über mehrere Generationen.

Gewaltenteilung

Heute haben wir nicht nur in Sachen Staatseinnahmen und Steuern aus gutem Grund eine Trennung zwischen urteilender Gewalt (= Gericht, das prüft, ob alles rechtmäßig zugeht) und vollstreckender Gewalt (meistens die Polizei oder Gerichtsvollzieher) sowie dem Pfänder, dem die Einnahmen oder Bußgelder zufallen (nämlich dem Staat). Doch früher war ein Adeliger alle drei Instanzen in einer Person. Und wenn er Lust hatte, sich mehr zu nehmen als ihm zustand, konnte ihn nur eine höhergestellte Person daran hindern.

Mittelalter

In Deutschland meint man damit die Zeit zwischen Antike und Früher Neuzeit, ungefähr vom Jahr 500 bis 1500. Die etwa 1.000-jährige Epoche kann ihrerseits noch einmal in Früh-, Hoch- und Spätmittelalter unterteilt werden. Die heutige Geschichtswissenschaft kritisiert allerdings die oftmals überholten Epocheneinteilungen. Nichts desto trotz sind sie gerade für Laien sehr nützlich, um sich einen ersten Überblick zu verschaffen. Gängige Mittelalterklischees von Minnesang bis Ritterturnier treffen übrigens nur auf das Hohe Mittelalter zu.

Quelle

Als Quelle bezeichnet man in der Geschichtswissenschaft Medien und andere Gegenstände aus der Vergangenheit, die bis heute überdauert haben und anhand derer man etwas über die Geschichte lernen kann. Die häufigste Quellengattung sind Schriftstücke, aber auch Bilder oder Filme können Quellen sein. Es gibt ebenfalls mündliche Quellen, zum Beispiel Zeitzeugenberichte. Für diese Sagensammlung sind allerdings nur schriftliche Quellen konsultiert worden.

Profan

Profan ist alles, was mehr oder minder gewöhnlich und alltäglich ist: Nichtmagische, nichtheilige Gegenstände und Orte sind profan.

Schloss

Ein Gebäude, das in der Regel in der → Frühen Neuzeit von einem Adeligen erbaut worden ist und das oft auf eine mittelalterliche → Burg als Vorgängerbau zurückgeht. Schlösser dienen ausschließlich repräsentativen Zwecken, sie sind keine Wehrbauten mehr.

Düstere Orte im Münsterland heute entdecken: Der Reiseführer zu den Geschichten

Alstätter Grenzregion

Alstätte ist ein Dorf in der Gemeinde Ahaus an der niederländischen Grenze. Direkt an der Grenze, mitten im Wandergebiet Witte Venn, befindet sich die zu einem Ausflugslokal ausgebaute Haarmühle, eine malerische alte Wassermühle. Auch heute noch ist die Gegend nachts menschenleer, und es ist durchaus denkbar, dass sich der eine oder andere Wanderer darin verliert ...

Haarmühle
Beßlinghook 57
48683 Ahaus-Alstätte
Tel.: 02567 93190
www.haarmuehle.de

Billerbeck

Das Städtchen in den Baumbergen dient als Ausgangs- oder Endpunkt für viele Wanderungen und Radtouren durch die touristisch erschlossene Region. Billerbeck besitzt eine Anzahl historischer Gebäude wie den Dom, das Rathaus und viele Wohnhäuser in der Innenstadt. In welchem von ihnen sich die Geschichte mit dem Aufhocker ereignet haben mag, ist heute nicht mehr festzustellen – zumal die Bewohner sicherlich Stillschweigen über den Vorfall bewahrt haben.

Burg Davensberg, Ascheberg

Die Anfänge der Burg Davensberg werden in das 13. Jahrhundert datiert. Heute steht von der einstigen Anlage nur noch der Turm, der von der gleichnamigen Gemeinde liebevoll gepflegt wird. Darin befindet sich das Heimatmuseum des Ortes, das eine Aus-

stellung zu landwirtschaftlichen Geräten zeigt sowie das ehemalige Verlies mit Folterraum.
Burg Davensberg
Mühlendamm
59387 Ascheberg
www.davensberg.de

Burg Hohes Haus, Nienborg
Im Heeker Ortsteil Nienborg, einem Dorf, das den Namen der einstigen Burg übernommen hat, befinden sich die Reste dieser ehemaligen Wehranlage. Erhalten sind von der fürstbischöflichen Landesburg heute nur noch das Torhaus sowie Reste der Ringmauer und drei Burgmannenhäuser: Hohes Haus, Langes Haus und Keppelborg. Im Hohen Haus sind Feiern und Hochzeiten möglich. Je nach Lage und Saison gibt es auch ein Restaurant und einen Biergarten. Im Langen Haus hat die Musikakademie des Landes ihren Sitz.
Burg Hohes Haus
Burg 18
48619 Heek-Nienborg
Tel.: 0031 653706063
www.hoheshausnienborg.de

Burg Kakesbeck, Lüdinghausen
Die Wasserburg wird bereits im frühen Mittelalter urkundlich erwähnt und ist bis heute erhalten, auch wenn im Laufe der Zeit verschiedene Umbauten vorgenommen wurden. Aktuell lässt sich die Anlage von innen und außen besichtigen, wobei für die Innenbesichtigung eine Terminvereinbarung notwendig ist.
Burg Kakesbeck
Bechtrup 63
59348 Lüdinghausen

Tel.: 02597 8899
https://burg-kakesbeck.org

Burg Vischering, Lüdinghausen

Die malerische Burg gehört noch heute zu den schönsten Wasserburgen des Münsterlandes und ist zu jeder Jahreszeit einen Besuch wert. Im Café Reitstall gibt es hervorragenden Kuchen (wer auf süßes Gebäck steht, möge die Vischering-Torte probieren!) und in einem Teil der Burg gibt es ein Museum. Dort erfahren kleine und große Besucher nicht nur, wie die Menschen früher auf einer Burg gelebt haben, sondern auch alles über die Sage des eisernen Halsbandes.
Burg Vischering
Berenbrock 1
59348 Lüdinghausen
Tel.: 02591 79900
https://burg-vischering.de

Davert, südwestlich von Münster

Das Moorgebiet war in der Vergangenheit ein so belebter Spukort, dass es nicht nur in Einzelschicksalen häufig vorkommt, sondern ein ebenfalls oft überliefertes Gedicht einzig und allein davon erzählt, welche verschiedenen Geister und ruhelosen Seelen in der Davert umgehen. Namen, die immer wieder im Zusammenhang mit dem Ort auftauchen, sind neben dem Teufel in vielerlei Gestalt unter anderem Jungfer Eli, eine grausame Bedienstete des Stiftes Freckenhorst, Rentmeister Schenkewald vom Schloss Nordkirchen und die Spinnleonore, die mit einer Haspel in den Bäumen hockt und Wanderer erschreckt. Es gibt die Möglichkeit, in der tagsüber malerischen Davert zu wandern, aber im Moor ist man im Sommer nicht vor vielbeinigen Plagegeistern sicher. Mit dem Rad hindurchfahren kann man selbstverständlich auch. Wer im Netz nach Informationen sucht, stößt auf die gleichnamige Naturkostmarke, die ihren Sitz ebenfalls am Rande dieses Naturschutzgebietes hat.

Galgenheide, Münster

Biegt man in Münster von der vielbefahrenen Weseler Straße zwischen den Hausnummern 567 und 569 in die kleine Stichstraße ab, kommt man rechterhand an einem großen DPD-Depot vorbei und überquert einen Bahnübergang. Dahinter liegt die Galgenheide, ein Ort, an dem früher Menschen gehenkt wurden. Heute gibt es dort Bäume und Felder.

Haus Volmering, Südlohn

Obwohl noch ein verwittertes Hinweisschild auf das ehemalige herrschaftliche Haus hinweist, ist es heute augenscheinlich nur noch ein größerer Bau aus den 50er-Jahren. Er steht an der L 572 von Südlohn nach Stadtlohn. Ein Besuch empfiehlt sich nicht, denn es gibt nichts zu sehen. Bei Google Maps ist das Gebäude nicht zu finden, aber bei OpenStreetMap ist es und der Rest des Wassergrabens eingezeichnet.
Haus Volmering
46354 Südlohn

Heideturm, Ibbenbüren

Über das Turmfragment, das umgeben von neuen Ein- und Mehrfamilienhäusern am Ibbenbürener Aasee steht, ist so gut wie nichts bekannt. Heute wachsen Bäume aus den Mauern. Stahlgitter in den Öffnungen verhindern sowohl ungewolltes Eindringen als auch weiteres Auseinanderbrechen. Für Familien mit Kindern oder Neugierige ist der Heideturm sicherlich vor allem bei Dunkelheit ein schauriger Ausflugsort. Wer den Turm besichtigen möchte, folgt in Ibbenbüren einfach der Straße „Zum

Heideturm“ und biegt dort in das zweite kleine Durchgangsgässchen links ab (ein Schild gibt es an der Stelle leider nicht). Dann auf die Uferallee des Aasees zugehen. Etwa in der Mitte der Gasse findet sich der Heideturm auf der rechten Seite. Zur Zeit der Drucklegung fand sich das Gebäude nicht auf Google Maps, aber in Open Street Map ist es eingetragen.

Heiliges Meer, Hopsten

Das sogenannte Große Heilige Meer ist der größte mehrerer Erdfallseen an der L 504 und gleichzeitig das größte natürliche Stillgewässer in Nordrhein-Westfalen. In dem gut erforschten und dokumentierten Naturschutzgebiet findet man unter anderem ein kleines Museum und zahlreiche Kurs- und Gruppenräume für Naturpädagogik. Als beliebtes Ausflugsziel wird es sogar auf den roten Radwegschildern in der Gegend angezeigt. Während eines Rundgangs (etwa zwei Kilometer Länge, Dauer: etwa 45 Minuten) bekommt man das namensgebende Gewässer zwar nur an einer Stelle richtig zu Gesicht, aber dafür gibt es auf den Ufer-, Wald- und Heidewegen jede Menge Anderes zu entdecken. Der Außenbereich ist ganzjährig geöffnet und nachts sicherlich ein einsamer Ort.

LWL-Museum für Naturkunde
Bildungs- un Forschungszentrum Heiliges Meer
Bergstr.1
49509 Recke
Tel.: 05453 99660
www.lwl-heiliges-meer.de

Hohe Ward, Münster

Die Hohe Ward zwischen Münster und Amelsbüren ist heute ein Waldgebiet, denn die ehemalige Heidelandschaft wurde im 19. Jahrhundert aufgeforstet. Darin liegt ein kleines Binnengewässer, der Hiltruper See. Die Hohe Ward ist für Anwohner eine beliebte Gegend zum Reiten, Spazierengehen, Joggen und Radfahren. In der Nähe gibt es Hotels und Restaurants. Alleine ist man dort tagsüber also nicht. Nachts jedoch sieht das schon ganz anders aus, und bei Sturm ist es – ob mit Heidemann oder ohne – sicherlich auch heute dort nicht ungefährlich.

Kirchplatz, Laer

Die kleine Gemeinde im Kreis Steinfurt verfügt zwar über eine alte, beeindruckende Kirche, doch führt direkt daneben heute die Durchfahrtstraße durch den Ort – besonders atmosphärisch ist der Kirchplatz heute also nicht mehr.

St.-Bartholomäus-Kirche
Hohe Straße
48366 Laer
Tel.: 02554 6287

Mordkreuz von Tilbeck, Havixbeck

Das Mordkreuz im Havixbecker Stadtteil Tilbeck liegt an der gleichnamigen Straße zwischen Schapdetten und dem Stift Tilbeck, direkt gegenüber der Bushaltestelle „Tilbecker Berg". Man findet das Kreuz etwas versteckt hinter zwei mächtigen Bäumen und einigen größeren Hinweistafeln zum Wandergebiet Baumberge. Auf (Online-)Karten ist es in der Regel verzeichnet. Es ist ein guter Ausgangspunkt, um die Baumberge auf einer Wanderung zu entdecken.

Geokoordinaten: 51.93728030136525, 7.4324326074981855

Prinzipalmarkt, Münster

Der Prinzipalmarkt mit seinen Giebelhäusern ist heute eine beliebte Touristenattraktion und weniger ein mystischer Ort. Wer etwas von dem Schauer spüren möchte, den vergangene Genera-

tionen dort über den Rücken gelaufen sein könnte, geht am besten lange nach Ladenschluss und Sonnenuntergang durch die beleuchteten Bögen und macht auch vor dunklen Ecken nicht halt.
Prinzipalmarkt
48143 Münster

Schloss Ahaus, Ahaus
Das Wasserschloss liegt direkt in der Innenstadt und grenzt an die Fußgängerzone. Heute dient es nicht nur repräsentativen städtischen Zwecken, sondern beherbergt auch zwei Museen und einen Trausaal. Sehenswert ist ebenfalls der große Schlossgarten.
Schloss Ahaus
Sümmermannplatz 4
48683 Ahaus
Tel.: 2561 72321

Schloss Nordkirchen, Nordkirchen
Das Barockschloss, in dem einst der unbarmherzige Rentmeister sein Unwesen trieb, gehört heute dem Land NRW. Hier werden Finanzbeamte ausgebildet. Das „Westfälische Versailles", wie die Anlage auch genannt wird, ist ein beliebtes Ausflugsziel. Für die weitläufigen Gärten bietet es sich an, einen Picknickkorb mitzubringen. Teile des Schlosses sind im Rahmen von Führungen zugänglich.
Hochschule für Finanzen NRW
Schloß 1
59394 Nordkirchen
Tel.: 02596 9330
www.schloss.nordkirchen.net

Schloss Raesfeld, Raesfeld

Schloss Raesfeld, das auf ein Gebäude aus dem 12. Jahrhundert zurückgeht, existiert bis heute. Nach vielen Besitzerwechseln und Leerständen im 18. und 19. Jahrhundert verfiel das Schloss zusehends. Nach dem zweiten Weltkrieg erwarb die Handwerkskammer das Gebäudeensemble und restaurierte es liebevoll. Heute erstrahlt das Schloss in altem Glanz und ist Ort von Hochzeiten und Feierlichkeiten. Im angrenzenden Ort gibt es ebenfalls viele alte Häuser und pittoreske Cafés. Schloss und Ort sind ein beliebtes Ausflugsziel.

Schloss Raesfeld
Freiheit 25 – 27
46348 Raesfeld
Tel.: 02865 60840
www.schloss-raesfeld.nrw

Schloss Rhede, Rhede

Das beeindruckende zweiflügelige Wasserschloss geht auf eine Burganlage aus dem 13. Jahrhundert zurück. Es wurde in seiner heutigen Form von Lubbert von Rhemen 1564 erbaut. Das Gebäude befindet sich in Privatbesitz und ist nur von außen zu besichtigen.

Schloss Rhede
Schloßstraße
46414 Rhede

Sternbusch, Emsdetten

Am westlichen Ortsrand von Emsdetten gibt es noch heute ein Gebiet, das genau wie in der Sage um den Heimweg Sternbusch heißt. Dort existiert sogar eine gleichnamige Bushaltestelle. Ob einem nachts in den umliegenden Grünflächen und Wäldchen tatsächlich gruseligen Gestalten begegnen, darf allerdings bezweifelt werden.

Sternbusch
48282 Emsdetten

St. Andreas-Kirche, Wüllen
Die katholische Kirche im Ahauser Stadtteil Wüllen lässt sich bis in das 9. Jahrhundert zurückverfolgen. Noch heute steht ein Turm aus dem 12. Jahrhundert. Die zweischiffige Halle stammt aus der Spätgotik. Tagsüber ist die Kirche in der Regel geöffnet.
St. Andreas und Martinus
Lange Str. 35 b
48683 Ahaus

St. Mauritz-Kirche, Münster
Die Mauritzkirche ist noch immer ein beeindruckender historischer Bau im gleichnamigen Münsteraner Stadtteil. Sie ist nicht durchgehend für Besuchende geöffnet, darum am besten vorher einen Blick auf die Homepage mit den aktuellen Öffnungszeiten werfen.
Mauritzkirche
Sankt-Mauritz-Freiheit 22
48145 Münster
Tel.: 0251 62012000
https://www.sankt-mauritz.com/pfarrei/kirchen/mauritzkirche

Zwillbrocker Venn, Vreden
Das Zwillbrocker Venn ist ein kleines Naturschutzgebiet westlich von Vreden, das sich auch von Familien mit Kindern einfach durchwandern lässt. Heute beherbergt es die nördlichste Flamingo-Brutkolonie der Welt und kann darum, vor allem an Wochenenden mit viel Sonnenschein, schnell überlaufen sein. Nachts ist es dort einsamer, und wer weiß, welche Gestalten einem dann begegnen?

Biologische Station Zwillbrock e.V.
Zwillbrock 10
48691 Vreden
Tel.: 02564 98600
www.bszwillbrock.de

Literaturverzeichnis

I. Primärliteratur

- Achterfeld, Josef: Herdfeuer-Geschichten. Merkwürdige und andere Begebenheiten aus alter Zeit. Emsdetten 1982.
- Bahlmann, Dr. Paul: Münsterländische Märchen, Lieder, Sagen und Gebräuche. Münster 1898.
- Bahlmann, Dr. Paul (Hrsg.): Münsterländische Märchen und Sagen. 3. Auflage. Bocholt 1998.
- Bahlmann, Dr. Paul (Hrsg.): Westfälischer Sagenkranz. Münster 1897.
- Bausinger, Hermann: Formen der „Volkspoesie". 2. Auflage. Berlin 1980.
- Bügener, Heinz: Münsterländische Sagen. Geschichten aus dem alten Landkreis Steinfurt und angrenzenden Gebieten. 2. Auflage. Münster 1981.
- Bügener, Heinz: Volks-Geschichten. Sagen und Spukgeschichten aus dem alten Kreis Coesfeld und seinen Randgemeinden. II. Teil. Gesammelt und zusammengestellt von Heinz Bügener, herausgegeben und überarbeitet von Heinrich Brambrink. Coesfeld 1981.
- Büscher, Hermann: Heide-Sagen aus dem Münsterlande. Dortmund 1921.
- Detering, Monika: Sagen und Legenden aus Westfalen. Rheinbach 2016.
- Eismann, Tobias (Hrsg.): Sagenhaftes Münsterland. https://www.muensterland.de/themenwelten/sagenhaftes-muensterland/ (zul. abgerufen am 12.11.2020)
- Hellenthal, Verena: Märchen aus dem Münsterland. Erfurt 2012.

- Henßen, Gottfried: Volk erzählt. Münsterländische Sagen, Märchen und Schwänke. 3. Auflage. Münster 1983.
- Hollweg, August: Die Heimat in der Sage (= Schriften zur Heimatgeschichte 1). Rheine 1978.
- Keizers, Magda: Uhlenflucht. Spukgeschichten aus dem Westmünsterland. Stadtlohn 1992.
- Kortsteger, Marion: Unheimliche Sagen aus dem Münsterland. Kassel 2004.
- Kucharski, Hans-Dieter und Wadmann, Franz: Das alte Münsterland in heimatlichen Sagen, Sitten und Gebräuchen. Senden 1995.
- Lahmann-Lammert, Rainer: Sagen, Märchen, Legenden und Aberglaube aus dem Münsterland. Leun/Lahn 1987.
- Rölleke, Heinz: Westfälische Sagen. Düsseldorf 1981.
- Sauermann, Dietmar und Greilich, Sabine: Sagenhafte Stätten. Ein Begleiter durch die Sagenwelt Westfalens. Münster 1993.
- Schmidt-Vogdt, Renate und Schmidt, Gustav Adolf: Die schwarzen Führer. Westfalen. Freiburg 1997.
- Schulte Kemminghausen, Karl: Westfälische Märchen und Sagen aus dem Nachlass der Gebrüder Grimm. 3. Auflage. Münster 1963.
- Schulze, Wolfgang: Die schönsten Sagen aus Münster. Essen 1982.
- Tilo, Paul: Sagen aus der westfälischen Heimat. 2. Auflage. Münster 1983.
- Ohne Verfasser: Märchen, Sagen, Lieder und Gebräuche aus Westfalen. Atzbach 1978.
- Weddingen, Otto und Hartmann, Hermann: Westfälischer Sagenschatz. Osnabrück 1978. (Nachdruck des Titels: Der Sagenschatz Westfalens. Minden 1884.)
- Wittkampf, Peter: Spökenkieker. Das Zweite Gesicht in Westfalen. Coesfeld 2019.

II. Sekundärliteratur

- Bächtold-Stäubli, Hans (Hrsg.): Handwörterbuch des deutschen Aberglaubens. Neun Bände. Berlin 1927-1942.
- Bellinger, Gerhard J.: Knaurs Lexikon der Mythologie. Über 300 Stichwörter zu den Mythen aller Völker. Augsburg 1999.
- Birkhan, Helmut: Magie im Mittelalter. Stuttgart 2010.
- Borrmann, Norbert: Lexikon der Monster, Geister und Dämonen. Die Geschöpfe der Nacht aus Mythos, Sage, Literatur und Film. Das (etwas) andere Who is Who. Berlin 2000.
- Cerinotti, Angela: Bildatlas Mythologie. Die Mythen der Welt kennen und verstehen. Berlin 2008.
- Harmening, Dieter: Wörterbuch des Aberglaubens. Stuttgart 2005.
- Huf, Hans-Christian: Mit Gottes Segen in die Hölle. Der Dreißigjährige Krieg. Berlin 2003.
- Krause, Arnulf: Reclams Lexikon der germanischen Mythologie und Heldensage. Stuttgart 2010.
- Linder, Theodor: Die Feme, Geschichte der „heimlichen" Gerichte Westfalens. 2. Auflage. Paderborn 1989.
- Neuhaus, Stefan: „Das Märchen als Poesie der Poesie." In: Ders.: Kindler Kompakt Märchen, S. 9-31. Stuttgart 2017.
- Petzoldt, Leander: Kleines Lexikon der Dämonen und Elementargeister. 2. Auflage. Stuttgart 1995.
- Rosenfeld, Helmut: Legende. 3. Auflage. Stuttgart 1972.
- Strotdrees, Gisbert: Das zweite Gesicht. In: Westfälische Erinnerungsorte. Beiträge zum kollektiven Gedächtnis einer Region. Hrsg. v. Lena Krull (= Forschungen zur Regionalgeschichte, Band 80), S. 523-536. Paderborn 2017.

Danke!

Ein Buch wie dieses könnte nicht ohne die Mithilfe von vielen netten Menschen entstehen. Ich hatte jede Menge tatkräftige Hilfe, und dafür möchte ich mich herzlich bedanken: Bei Holger, weil er mich tagtäglich unterstützt. Nichts, was ich tue, wäre ohne ihn entstanden. Ich danke auch Mechtild für's Korrekturlesen der ersten Version und die vielen hilfreichen Verbesserungs- und Vereinfachungsvorschläge sowie ihren Anregungen zur Fotoauswahl. Danke auch an Luzie Obereiner für ihr Lektorat, das mich auf einige Schwachstellen aufmerksam machte.

Danke ebenfalls an Heinz und Maria Keizers, die mich auf das Buch von Magda Keizers aufmerksam gemacht und es mir ausgeliehen haben. Da es vor vielen Jahren im Selbstverlag erschienen ist, wäre ich auf anderem Wege nie an diese wertvolle Quelle gelangt. Als Inspiration für meine düsteren Fotos dienten mir Arbeiten des Fotografen Simon Marsden, der alten irische, schottische und englische Bauten in ein völlig neues Licht tauchte.

Ich habe lange Zeit immer mal wieder an diesem Manuskript gearbeitet, denn die Idee dazu spukte mir schon lange im Kopf herum. Dass dieser Band nun fertig geworden ist, verdanke ich hauptsächlich einem Arbeitsstipendium des Landes NRW. Es hat mir erlaubt, mir die nötige Zeit zu nehmen, um die passenden Fotomotive zu recherchieren und stundenlang in Bibliotheken alte Bücher auf der Suche nach düsteren Sagen und Legenden durchzuarbeiten. Herzlichen Dank dafür!